天下文化

BELIEVE IN READING

在傳統社會裡，都說農夫「只能看天吃飯」，但水良伯偏偏要走一條不一樣的路。

在水良伯眼中，植物會對人說很多話，就看你聽不聽得懂。

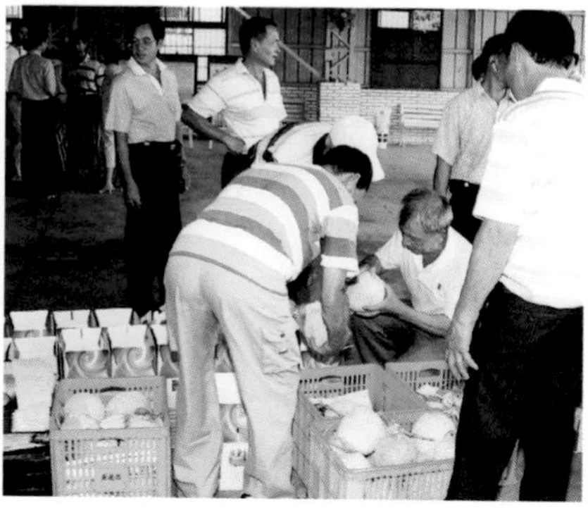

靠自學種出貴重的頂級洋香瓜後，水良伯每年都舉行拍賣會，當時的立委江啟臣也來捧場。

水良伯常說：「五十年代，我們是用嘴巴吃；八十年代，用眼睛吃；二十一世紀，就要用腦筋吃。人們對食物的消費需要，愈來愈講究食物的來源及品牌。」

上｜2013年，縣市合併後的台中市長胡志強親自到黃河果園，幫水良伯拍賣網紋洋香瓜。

下｜在女兒眼中，母親是水良伯的最佳助手和支持者。右起分別是為返鄉務農的大女兒陳家昀、水良伯的太太謝瑞梅。

務農近七十載，水良伯每天早上醒來，第一件事還是跑到果園菜圃聽聽作物怎麼說，或是用赤腳實際感受一下土地的溫度。（上為《遠見》雜誌提供＼蘇義傑攝影，下為天下文化影音團隊提供）

上｜每當水良伯侃侃而談，太太謝瑞梅總是默默在一旁沏著茶，讓他一巡又一巡的講下去。（陳珮真 攝影）

下｜為了行銷自家瓜果，果園花了很多巧思做了周邊刊物、郵票和DM等。（陳珮真 攝影）

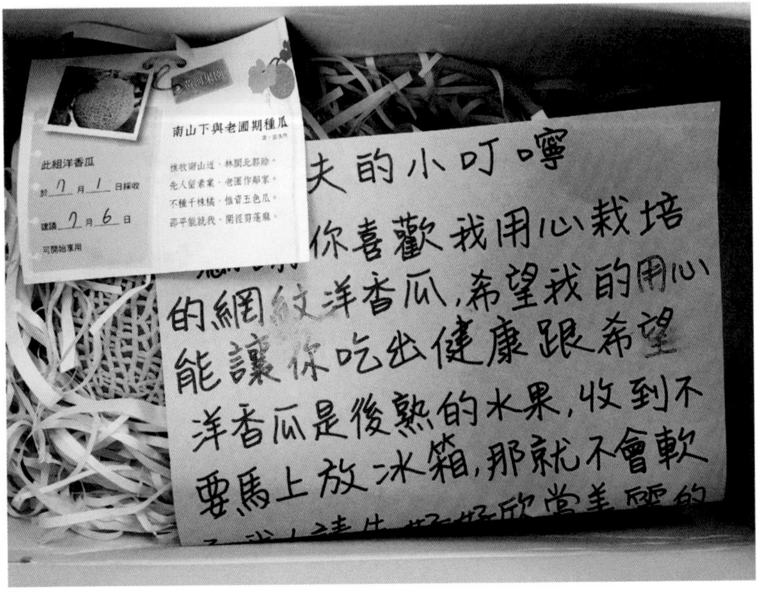

在精心包裝的洋香瓜紙盒裡，總是會看到一張貼心的叮嚀卡片，提醒消費者把握「最佳賞味期」。

社會人文BGB493

水良伯的老農哲學

聽見植物的聲音

陳水良——口述
林子內——採訪撰文

目錄

Part 2 · 走出傳統——藍海農夫，掌握自己的命運

Part 3 ‧ 老農沉思——「農」在現代社會

出版者的話

創造高附加價值的現代果農

——水良伯的執行力

高希均

（一）「中國之窮，窮在農民」

在中日抗戰（一九三七～一九四五）前夕，我出生於南京。儘管南京是國民政府的首都，又在江南的魚米之鄉，但仍然在很小的時候就能看到鄉下農民的貧窮與生活的艱苦。

一九四九年隨雙親來台，住在南港眷村，那也是台灣一九六〇年代經濟起飛前，生活相對艱苦的時期。一九五四年報考大學聯招時，父親鼓勵我讀農業與經濟相關的科系，因此我的志願就是攻讀農業經濟。

這就是六十年前我和農業與台中結緣的開始，回想起來，這是一生的幸運。當時就讀的省立（台中）農學院農經學系（一九五四～五八），以後改為中興大學應用經濟系。

中國歷代的興衰，農業和朝代替換息息相關，所以有「以農立國」的教訓。自十九世紀以來，中國一直飽受列強欺侮。自己稍後進了農經系就讀，就更能體會到：中國之窮，窮在農民；中國之弱，弱在農業；中國之貧，貧在農村。因此一九五九年秋天去美國讀書，主修就是「落後國家的經濟發展」。

（二）一顆洋香瓜一千元

放眼先進國家的農業，在市場經濟運作中，除了政府的輔導與協助，在現代社會，農民本身面對新品種的出現、氣候的變化、生產方法及運銷結構的改變，必須多方學習。因此提高生產力的農友，就要跟農業專家學者配合，施用改進的耕作技術，增進對行銷和消費者需求的了解。這就是說現代農民要為自己打開更多可能性，找到適合自己發展的藍海市場。

來自台中新社的瓜農陳水良，正就是這樣一位傑出的範例。五十歲時決心要種出頂級的網紋洋香瓜，經過大約七年的奮鬥與不斷的試驗，終於圓夢，一顆美味的洋香瓜（約二．五台斤），就要賣一千元。每次看到生產出來的洋香瓜，漂亮得只想欣賞，捨不得品嘗。

小學都沒畢業的他，因閱讀上比較吃力，就靠著到處聽演講來學習新知，走入不同團體，我在好幾個演講場合遇見他，極受感動。當他結識了許多相互提攜、交流意見的朋友，如前台中市長胡志強、天氣專家彭啟明等後，他信心更增。胡市長當年對於台中地方的農產品和當地名產等相當用心，只要一有機會就會賣力行銷，在台中縣市合併後，二〇一三年他還曾專程去新社幫忙拍賣洋香瓜、做愛心，一時傳為佳話。

（三）當選百大黃金農夫

誰說務農就不會有好利潤呢？在小農經濟崛起的氛圍下，《遠見》雜誌二一〇一五年從當年全國二十個縣市（未包括農業規模較小的金門縣、連江縣），挑選出品質優良，銷售單價比一般行情至少高出百分之五十以上的「百大黃金」農產品，水良伯因洋香瓜被選為當年的百大黃金農夫之一。這些農民們靠著優質農產品，提升了產品的附加價值，個個成為黃金農夫，靠的不是別的，就是持續不間斷的精進學習。

在多元的現代社會裡，由於科技和網路的發達，學習的媒介和型態更為多元化，如果真有一些閱讀障礙，除了書本，還有眾多的課程、演講、有聲書等的輔助，我們已經沒有不學習的藉口了。看到這位瓜農水良伯即使識字有限，還是不放棄學習及動手試驗，變成了台灣創造高附加價值的現代農夫，參與了進步社會的推展，值得大家向他學習。

（作者為遠見．天下文化事業群創辦人）

推薦序

從農人的傳承，看見台灣農村的生命力

陳吉仲

羅扇輕搖，這是農村夜裡常見的風景，閱讀著《水良伯的老農哲學——聽見植物的聲音》，青草吹撫的景象又出現在腦海中了。晨未曦，農作的一天就已開啟，台灣農村的發展一直在轉變，如何與時俱進、與環境共存，一直是我們與農民朋友共同努力的目標。

水良伯是台灣農民的縮影，從挫折中學習，學習中成長，甚至協助他人，共同建立台灣的農業文化。台灣的農民都有著水良伯相似的特質，不論年齡，都是台灣農業發展的瑰寶。因此，政府努力推動農民健康保險、農業保險、農民職業災害保險跟農民退休制度，就是為了讓如同水良伯的農民們從農有保障，進而使農業得以傳承。

面對氣候劇烈變遷的環境，往往一個水災、風災襲擊，就讓努力許久的投資血本無歸，農業保險最重要就是避免農人看天吃飯，把所有的不歸咎於農民的風險，全部由農業保險來吸收；也為了保障農人在工作時受傷，我們通過農民職業災害保險；更推動《農民退休儲金條例》，讓農人以農業為志業，退休後依舊有保障，如此才能吸引下一代從農，使台灣農業得以傳承。

結合農人經驗與新技術，開啟農村未來的無限可能

前人的老智慧，是農民在實作上的重要依據，水良伯利用自己得來不易的老經驗，結合新技術、新思維，在公私協力下，一次又一次開拓新的農業視野，這也是為什麼台灣農業技術總是在世界的前頭——因為我們有豐沛的資源，以及埋首於農業、追求更好的人們。

然而，現今的農業發展不只是生產的一級產業，更是結合加工、行銷的六級產業，透過異業結盟，提高農產價值，正如書中提到的，讓絲瓜不只是餐桌

上的美食，也可以賦予不一樣的價值。像水良伯的故事一樣，台灣有許多人正為台灣農村文化的保留耕耘著，而我們也積極開拓農村再生，使更多人了解台灣這塊土地的故事，以及維繫農業永續的使命感。

我來自農村，深刻體認著農村發展的困境與挑戰，也了解親近土地、和植物說話是感受台灣生命力最好的方式。台灣有許多和水良伯一樣深愛這塊土地的人們，展現台灣精神、堅毅的付出，因此我們也要更加努力，為農業創造一條永續的道路。也期待，農業不只是農民的農業，也不是農委會的農業，而是全民的農業。

（作者為農委會主委）

推薦序

面對全球暖化，要有一顆如海綿般求知的心

彭啟明

我和水良伯是兩年多前在天下文化的人文空間認識的，有一次我在廣播節目裡，無意中提到「水良伯」的高麗菜，沒想到現在「水良伯」的稱號開始被許多人使用，有人還會特別開車到到台中新社指名要找他。

水良伯很健談、好學，因農業和天氣息息相關，我們之間雖然年齡差了二十多歲，但卻有聊不完的話題，我也曾到他在新社的果園觀察他的農產植栽，親自嘗試他的農產品，都為之驚艷，我們是忘年之交，是會一起知識分享的共好朋友。

我常常遇到不同的農民，每位都可以和我講出一些農業大道理，多數靠古早的農民曆或自己的記錄，不太相信短時間的天氣或長時間的氣候預測。水良

伯很不同，我們最常探討的話題就是未來全球暖化下，靠天吃飯的農民恐怕會更苦。像是辛苦的耕耘，只要一次的天氣異常災害就會讓大半年的努力血本無歸；還有整個大環境的改變以及空氣汙染，對農業的潛在影響更是劇烈，這就像是溫水煮青蛙一樣，不願意改變的農民，會遭遇很大的威脅。而水良伯會從日常生活當中，記錄天氣和作物的關聯，當有任何問題，他會自己跑去問專家，或是聽演講，從中得到靈感而做出改變，他不願意守住一個框架中，而是找出新的藍海市場。

我常常會遇到鑽研農業的教授與各種專家，有人是在攻讀博士學位而研究，也有人是專精於某一個特殊領域的專家，但較少遇到每天都下田與植物生活在一起、用實務歸納出答案的專家。我也遇過某些農作物的達人，曾有想務農的朋友跟著達人去記錄，學田園管理，想從數據中找到規則，但最後發現實在無法整理，因為經驗和感覺有時候會產生很大矛盾，在科學上找不到太多邏輯可言。

不同於傳統農民的水良伯

相對於專精某些特定領域的專家，水良伯的用心及好學，讓他從田園累積經驗，經營出屬於他自己的「專業」，從他的書中可以看出，他除了把自己的果園當成實驗場，也樂於幫助其他農民，可以說是典型「簡單的事情重複做，就會變成專家；簡單的事用心做，就會變成贏家」，他的不藏私與樂於分享，和傳統農民相當不同。

他曾經想要成為台灣的農業專家，希望用自己的經驗幫助更多的農民，但在學院派主導的環境下，我也勸他，不用靠人際或學位上的肯定，其實只要自己對自己有信心，或是從市場得到的肯定，創造出一片新農業藍海就夠了。尤其，他常說自己總是在田間仔細聽植物在講話，他認為「未來的世界，最難的不是找出一種答案，而是找到正確的問題，面對問題。」這就像是我們面對全球暖化，常常不是要找一個既定答案，而是面對一個未知的問題。若能像水良伯一樣，用一顆像海綿一樣的心，面對外界的的訊息並吸收轉化，才可以有智慧的來面對。

水良伯總是努力的觀察，常常提出各種和科學證據不同的佐證，更積極準備各種方案來因應，這就是面對氣候變遷的正確態度。感謝他將畢生經驗集結成書，提醒我們注意氣候和環境的變化，以及農業的重要性。面對未來極端氣候的挑戰，水良伯積極求知的態度值得大家學習，也期待未來有一天，農業將成為我們的藍海產業。

（作者為氣象達人、天氣風險管理公司總經理）

感動推薦

（依姓氏筆畫順序排列）

在我擔任台中市市長十三年的時間裡，除了為台中的建設打好基礎，只要有機會，也常努力推廣台中的美食與農產品。我和水良伯因為他來聽我的演講而結緣，二〇一三年他邀請我去新社參加頂級洋香瓜拍賣會，最後還捐出洋香瓜做愛心。知道他是透過自力學習，不怕麻煩到處聽演講且勇於提問，令人相當感佩。從他身上，我看見了台灣農民的生命力與韌性。

——胡志強（台中市前市長）

過去兩年多，我藉著推動台灣地方創生的機緣，足跡遍及各個鄉鎮與偏鄉，和許多在地團隊、達人交流，了解在地發展的瓶頸。雖因地方特性，大家面臨的問題不盡相同，但只要話題轉到「農業」，苦水總是特別多，例如產銷失衡、胡亂補貼、中盤掌控、沒有品牌、小農難生存、氣候變遷未能及早因應、法規太多且過時……，真是族繁不及備載。

台灣農業應該用農企方式來營運，輔以科技數位轉型下的人工智慧物聯網（AIOT）、區塊鏈

（Blockchain）、大數據演算（Big Data）等技術，將生產、製造、加工與行銷、通路、品牌串結起來，這樣台灣農業肯定不再是弱勢，足以和高科技產業平起平坐，甚至上市掛牌。從水良伯身上，我們看見一個農夫運用智慧去思考，不再「聽天由命」，他懂得謙卑面對大自然，將植物的聲音融入生活、生命，成就了他的人生，值得後輩學習，這是一本值得細細品味與省思的書。

——陳美伶（國發會前主委）

幾年前因天下文化天來總經理的引薦，有幸與水良伯結緣。幾次的拜訪後，更覺得水良伯深藏不露，不僅具備經理人的思維與理念，更有企業家的格局與胸懷。

小時候我也是農家子弟，跟著父親一起下田農作，水良伯在書中所提到「不甘平凡」、「擺脫宿命」等種種在當時會被認為「叛逆」的瘋狂想法，我卻心有戚戚焉，覺得找到知音。喬大地產在大北投地區深耕三十多年，我們所秉持的企業文化也是跟老師一樣「持續學習」、「汲取新知」、「打造品牌」。

水良伯擁有多年的實戰經驗，在思考台灣農產業未來的同時，更將所知無私傳授，希望能帶給年輕人更多的省思與啟發。很高興天下文化出版這本書，讓水良伯的務農智慧能與更多人分享。

——郭國榮（喬大地產董事長）

新社一直是我很喜歡去走走的地方，在那裡有很多美好的記憶，很佩服水良伯是一個不服輸的農人，始終堅持在耕地上決一勝負，他花了七年時間，終於實現夢想，在新社種出頂級洋香瓜。這一本書除了喚醒我們對農夫職人的尊敬，透過水良伯極力擺脫「務農等於貧窮」的宿命，也提醒我們農業需要有新思維。

我們從書中可以同時感受到農人的努力跟憂心，農業是人類古老活動，但很多耕種方式卻已經無法再遵循古法，因為人類所造成的氣候變遷，已成為農作物生長的最大挑戰，如何永續？成了農業跟社會發展，必須面對的課題。歲月靜好，共生共榮是生命重要的追尋。極力推薦這本書給關心農業發展及環境永續的您。

——蔡其昌（立法院副院長）

用心經營新社「黃河果園」的水良伯是農業界的傳奇，他潛心栽培農作物，無私分享新式栽培法，除前往各大專院校演講外，亦參與農委會農村再生培根計畫，擔任過新北石門嵩山社區及三芝共榮社區農友講師，堪稱為名副其實的「草地狀元」。用知識與技術，創造精緻農業生命力，且不藏私，全力投入農產品義賣活動，給予弱勢族群實際協助，做愛心不遺餘力！足為農民之楷模。

秀燕在此向所有的讀者推薦與分享《水良伯的老農哲學：聽見植物的聲音》，讓咱們做伙細心品嘗這本最道地的台中好書。

——盧秀燕（台中市市長）

自序
一個老農夫的心聲

陳水良

很多人可能會說，一個連小學都沒有畢業、字都寫不好的農夫，為什麼會想出一本書？難道這又是陳水良的另一個狂想嗎？

從小，大人就說我「叛逆」。上天給我安排了「做農」這條路，我卻從不滿足現狀。在田裡，上一代講的我不一定會聽，不過，我會聽植物告訴我的事。

我認字的速度很慢，就用「聽」的方式來幫我學習。早年我從台灣各農業改良場的演講聽起，收穫很多，所以後來搭車到處聽演講、參加研討會，就算不認識，我也會請託、拜訪專家。很多人說農夫「只能看天吃飯」，我就是要走一條不一樣的路。所以我花大錢蓋溫室，就是要種出世界第一等的網紋洋香瓜。

曾經有一段時間，鄰里有很多人都說我是愛作夢的「憨人」，如今這個「憨人」早就成功種出高單價網紋洋香瓜，可以精準控制每一批的採收，每逢節慶，我的洋香瓜是很多人想要收到的伴手好禮。

我種瓜成功的經歷被人知道之後，開始有人跟我說：「水良伯，你走的路就是『藍海策略』啦。」也有人稱讚我：「水良伯怎麼這麼懂創新，怎麼這麼有行銷概念？」這些稱讚，都太高估我了，我其實從來都沒有離開土地，我的心，永遠都放在我田裡的農作物。我只希望這些用心種出來的作物，可以被識貨的人買回家，讓他們吃到美味、吃到健康。

如果有來生

很多有在做農的社區聽說我的故事之後，邀我去跟其他農友分享經驗，把我當成「顧問」。看見我的建議被採納，幫助農友在收成和行銷上有一些收穫，我會感到很滿足、很有成就感。

然而，年過七十之後，我愈來愈想把我的經驗和學習熱情傳遞給更多的人。我常看到很多農業學者和各試驗場出的研究報告，但卻很少看到從農夫角度出版的書。所以我希望能出版這本書，讓年輕人知道農業的根本，是來自於對天地的尊重，我們要謙卑聆聽，觀察大自然傳達的訊息。我也希望這本書，可以讓主掌台灣農業發展的官員們看到，台灣的農業絕對有機會走出一條不一樣的路。

我這些淺薄的思考能夠化成文字成書，要特別感謝遠見・天下文化事業群創辦人高希均教授、王力行發行人與天下文化林天來社長。多年來，只要有機會遇到他們，他們總是熱情握著我粗糙不已的手，肯定我的堅持和創新，他們對我的看重與支持，讓我知道我走的路是有價值的。負責採訪的林子內小姐是這本書的重要功臣，她多次來到新社，陪我走在田間，聆聽我跳躍式的描述，用她的妙筆幫我寫出這本書，我由衷地感謝。最後，這本書從籌備到出版的兩年時間，更要特別感謝天下文化總編輯吳佩穎先生和編輯同仁的用心協助。

我一直相信，只要謙卑學習，掌握科技，加上親身實證、不斷精進，農人可以擺脫看天吃飯的命運。我認為，在氣候激烈變化的今天，全世界的農業將面臨很大的危機和挑戰，我們應該更注意台灣的農業發展，才能為下一代留下一條回家的路。

如果有來生，我還要繼續當一個農夫，繼續在這塊有福氣的土地上做農，繼續耕耘農業的未來。

這是一個老農夫的心聲。

前言

植物紀年

農業一向被認為是「看天吃飯」的行業。天候寒暑不對時雨水太少或太多，導致作物收成差，農民認了；好不容易天時地利大豐收，結果生產過剩價格差，農民也認了；市場行情正好，收成前夕作物卻集體遭到蟲蝕染病，農民也只能認了。

但有一位傳奇老農卻不肯乖乖認命。他，就是人稱「水良伯」的新社老農——陳水良。

在看見水良伯本人以前，就聽說過他不少傳奇故事：他是新社有名的「赤腳大仙」，接受電視台採訪時，他倡言農業可以成為利多行業，因而被稱為「新貴農友」。他正式上學不滿三年，小學都沒畢業，成年後卻自掏腰包聽遍全台灣五百場演講，跟企業領袖同席也能侃侃而談。尤其他耗時七年自行摸索，種出當時台灣還很少人種得成的「日本網紋洋香瓜」，並以高價賣出。種種特立獨行的做法和成績，讓他獲得中華民國農學團體的「優秀農業基層人員獎」、農委會的「卓越培育獎」、台中市「農業楷模」和二〇一一年的「農村領航獎」等獎項，並於二〇一九年參加角逐台灣十大農業專家，在博士級專家的環伺下毫不遜色。

水良伯打從出娘胎就在田埂邊滾爬，從邊玩邊學到被提名農業專家，可說與瓜果逗陣七十年了；但在他的詞典裡，從來沒有「認命」的說法。因此他敢於下重本投資溫室，就是要克服天候的無常；他勤學博聞，力求掌握市場的脈動；他對植物洞悉入微，總是能提前防範於未然。他常常說，農業應該是利多行業，應該讓農民成為「好野人」（台語，「有錢人」），只有樂農的社會，才能夠守得住農村。

務農近七十冬，經驗老道如他，每天早上醒來，第一件事就是跑到果園菜圃，巡看作物今天跟他說了什麼話。人說植物無語，但在水良伯眼中，植物特別誠實，溫度對不對、濕度足不足、土壤肥不肥，都可以從植物身上得到訊號，只怕你有看沒有懂。為了了解植物每天的情況，他總是親身聆聽農作物的「現身說法」。

對生活在工商業社會裡的人來說，「人定勝天」可能不是什麼新鮮的概念，甚至可以說，忘記「天」的存在，才是都市人的常態。我們習慣把「天」看成月曆上的一個空格，時鐘轉動整整兩圈的節奏：幾點起床，幾點吃飯，幾點打卡，幾點會議，幾點下班；人與時間都變成規律節奏的機器。我們巴不得把生命跑成自動化流程，輸入什麼原料，就啪啦啪啦生產出相應產品，效率高且良率穩定。我們把行事曆分成一格又一格，哪格空了就往哪格填，把生命活成一張張填滿的行事曆。好像小時候我們的歷史考試卷，事件時間點記得死牢，起於幾年，終於幾年，把歷史讀成一張填空表。

忘卻歲月，與植物相依

為了熟悉水良伯的日常一天，我隨著他日出不久即巡視果園，除草捕蟲、修枝引蔓；近午食飯歇息，等豔陽退炙；午後繼續牽藤引蔓，在黃昏前整理完畢，賦歸返家。全程水良伯都光著腳丫，踩著泥巴，彷彿土肥土濕都可以透過他的腳底板直接讀取似的。人聆聽著植物，植物聆聽土地，土地聽著天，層層相倚，互相依存，然後植物長成，變成人的食物。在農村裡，你會感覺時間是一種生命循環，而非敲鐘打卡的人造工事。

當晚水良伯泡壺茶，閒聊起一樁樁往事。我聽著愈來愈有意思，忍不住趁機便問：「阿伯，這是民國哪一年的事？」

一瞬間水良伯停住了話，他看著我，我望著他，沉默像扇子一樣拚命煽涼空氣，終於阿伯嚥口水，冷靜而禮貌地回答：我記不清楚了。

當下我也發現了，自己的大腦似乎早已被某種「客觀」、「精準」、統一刻度的時間意識所規訓，不假思索便會自動運作，想要為「事件」找到一個相應的時間刻度，以便正確地「輸入」、「儲存」、「建檔」，這幾乎變成一連串自動控制系統。所謂「現代」的工業化節奏，似乎已經取代天然，成為我的內建反應，隨時就會跳出來打岔：這是哪一年的事？

水良伯的反應讓我恍然大悟，被時間制約的我，必須丟掉編年史式的時間坐標，而以水良伯在這塊土地上，曾經植栽過的農作植物，做為他生命紀年的界碑，這樣才能真正進入老農水良伯的世界。

Part 1

來自新社
土地與人的生命力

01 新社

——宿命與奮鬥的起點

四百年前，噶哈巫為這片土地取名「新社」，這就像一道讖語，為新社埋下一個伏筆，讓這塊土地上的農民總是勇於自我更新，不斷做出變革，勇敢挑戰宿命。

要真正進入一個老農的世界，就必須從他的果園、他的故鄉談起。

水良伯的果園在台中縣新社鄉，位於大甲溪中游，南倚頭嵙山，緊鄰大坑，北臨大甲溪，與東勢鎮隔水相望。

寶島中部主要有四條河川水系，自北向南，依序為大安溪、大甲溪、烏溪（大肚溪）、濁水溪。由於島嶼南北狹長、中臥高山的地形，島嶼西部的河川走勢一律是由東向西，奔流入海，大甲溪也不例外。然而由於「蓬萊造山運動」，板塊隆起，衝擊力使得發源於中央山脈大雪山及南湖大山的大甲溪，在天冷附近急轉向北，又受到后里東側丘陵阻擋才又轉向西，在不到二十公里的河段裡，出現罕見的兩處大轉折。

在河道大轉彎的西側，侵蝕堆積出一片長約十公里的河階台地。這就是今天新社河階群的由來。

新社河階群實際上包括大大小小、高高低低十三個河階。當我為了採訪水良伯而尋覓民宿時，曾經找到「月湖老家」，那裡正是發現先民遺址所在的河階。民宿主人是退休的新社種苗改良繁殖場研究員何陽修先生，他將獨門獨院的老宅修改成古樸舒適的民宿，取名「月湖老家」，那裡雖然不大，但花木扶疏，面向大甲溪，視野遼闊，令人心曠神怡。清早起來，籠罩在一片晨光霧靄當中，即可眺望一水之隔的東勢鎮。

原住民、漢族移民齊聚新社

距離月湖大約十五分鐘車程處，就是水良伯的「黃河果園」，它位於新社河階群組成的台地中占地最廣的大南河階，緊鄰著舊名為「大坑頭」的中興嶺。中興嶺在日治時期設有台中州立「大坑頭肺結核療養所」，戰後為軍方接收，擴建為陸軍第二肺病療養所（後改名為陸軍八〇五醫院），並在院區附近建造職員宿舍，全台各地退除役官兵住院即入籍新社，為此地帶來第一批外省移民。所住的眷村從「水源新村」更名「中興村」再獨立為「中興嶺」。一九六九年，陸軍醫院遷移至花蓮，但千餘戶外省軍眷，早已在新社生根落腳，成為新社居民的一部分。

說起新社的聚落組成，從有史記載，併入大清帝國的國土前，這裡原是泰雅族的游獵區域。十七世紀以前，有一群自稱噶哈巫（Kaxabu）的巴宰族（Pazeh）人，從山頂社遷移至此，稱此地為「新社仔」，新社之名便由此而來。在十七世紀荷蘭統治台灣時期所留下的戶口表中，還看得到巴宰族四大社群的名字：岸裡社、朴仔籬社、烏牛欄社、阿里史社。十八世紀後，漢人才逐步進入新社。

在康雍年間，這一帶還是生番、熟番交界的淺山地帶。清帝國以招安的方式「賜地」給願意歸化、協助平亂的熟番，漸令生番退至深山。然而，平埔熟番雖坐擁大片的青埔林地，卻要承擔來自清廷派給的各類公差勞役，無法獲得一個務農安居的環境，只得招來漢佃管耕，結果實質擴大生活領域的，反倒是承墾番地的閩粵之漢族。

從一些古老的地契資料顯示，例如廣東潮州粵籍移民張達京率領的墾號「張振萬」，曾與岸裡社社人進行多次「割地換水」的交易，所謂「割地換水」就是由漢人集資提供技術，開設水圳灌溉旱埔，而岸裡社社人割讓土地換取水源。就像這樣，漢人藉由佃耕、非法贌墾、合法割地等方法，逐步取得平埔族人地權。在土地競爭與商業交易中屈居劣勢的平埔族人，到了道光初年，陸續退出新社，遷至埔里盆地或宜蘭縣境以求生計。到了今天，除了「新社」這個總稱，還有上社、下社、番仔埤、新社、番社嶺、馬力埔這些小地名，記錄下原住民曾經在新社地區生活的歷史足印。

清領時期，新社種植的主要農作物有水稻、麥類、竹子與果樹等。道光之後，大部分土地已是漢族的農墾家園，閩、客籍雜居，唯因乾隆年間發生林爽文事件（一七八六~一八八年），由於林爽文一行人曾逃至本區的朴仔籬、內埔一帶，使原本私墾本區的閩南人紛紛四散走避，離開新社，促成日後入墾居民的重組。

於是，新社逐漸成為以廣東大埔客家人為主的農庄聚落。在這些客家農庄墾民中，也包含了水良伯母親那一方的先祖們。

勇於迎接挑戰的宿命

由於墾戶的農地是歷次積攢、積少成多而來，分布頗為零碎。這樣小農林立的農庄景象，大約在新社維持了一百多年，直到二十世紀初，才又發生變化，一變而為占地千頃、遼闊又整齊的國家蔗苗養成場。不到半世紀光景又風雲流散，重新回到農民手上，這許許多多的小自耕農愛種啥就種啥，想種啥就種啥——而這其中也包含了水良伯父親那一代的故事。

翻閱新社歷史，多少會覺得四百年前噶哈巫為這片土地取名「新社」，這好像一道讖語，為新社埋下一個伏筆，讓這塊土地上的農民總是勇於自我更新，不斷做出變革，勇敢挑戰宿命。而所謂變革，除了大自然的力量，更少不了人為的努力。

人改變土地的面貌，土地也把人的命運捲入其中，彼此息息相連，揉合出一種生猛而獨特的生命力，隱隱指引著水良伯一生的命運，成為他生命中最強而有力的支柱。

02 馬力埔事件——小孩子有耳無嘴

人的歷史，就像植物一樣，
與土地糾結牽連的程度，甚至超過我們自己的想像。
一九一三年，發生在新社馬力埔的事件，
也曾波及水良伯的外祖父，產生看不見的蝴蝶效應。

每當水良伯提起家族歷史，總是這樣開頭的：

「我的父親，最初是給日本人的種苗場當長工。」

台灣總督府在新社地區經過多次低價強制收購，終於拓殖出占地廣大的國家農場，一九一五年「大南庄蔗苗養成所」正式成立。廣闊蔗田需要大量從事栽種的農業勞力，也不知是當地青年勇武早已因「馬力埔事件」折損殆盡，還是新社鄉民有意消極抵制，總之蔗苗養成所員工召募不足，遂改為對外招佃。從苗栗銅鑼、公館、大湖，以及東勢一帶，召募數百戶農民進入新社，成為進入二十世紀後新社第一波「移工」。

蝴蝶效應與來自豐原的移工

水良伯的父親陳永昌，一個來自豐原田心村農家的青年，也在這波移工潮中，來到新社工作，娶妻，生子。他或許聽說過馬力埔事件，這個他不曾接觸、也未及參與的失敗農運，卻有著蝴蝶效應般的力量，間接促成陳永昌落腳新社的原因。

話說水良伯的外祖父世居大南庄，和馬力埔只隔一條小溪。在水良伯出生三十六年前，馬力埔曾發生過一場抗議衝突事件，不少人因此喪命、被判刑，更多人從此失去土地。我不確定是否能正式命名為一場「農運」，只不過新社當地人甚少談論。

事情發生在一九一三年（大正二年），比台灣歷史上知名的農民運動「彰化二林蔗農事件」（一九二五年）還早了十二年。事情發生當下，沒有記者在場、沒有知識份子參與，為它定義，為它宣傳，為它鳴不平，它沉默地平躺在法律卷宗裡面，面無表情地記下事後涉案農民所受的懲罰。

台灣成為日本殖民地後，在「工業日本，農業台灣」的總體政策之下，蔗糖成為台灣重要的輸出產業之一。為了糖業王國的長期發展，必須設置對甘蔗品種進行育種、改良與培植的場所，台灣總督府選中了新社。因為新社地勢較高，平均氣溫較平原地區低，日夜溫差大，也少病蟲害；

而且地勢平坦面積廣大，適合養成場所需完整而遼闊的上千甲土地。一九一三秋天開始，台灣總督府便透過台中廳，陸續在新社的馬力埔、大南、水底寮、仙塘坪等處，強行收購農地。

當時殖民政府收購土地的方式，是一道命令下來，便強制農民賣地。雖說收購，當時總督府殖產局委託台中廳的收購價，上等田每甲一百三十圓左右——這比起當時旱田時價，上等田四百到七百圓左右，只有三分之一到四分之一左右——而且收購過程粗暴，不容地主置喙，正如楊逵小說《送報伕》所描寫的那樣，通常是由日本警察出面，把農民叫到派出所，或親自押隊下鄉，以軟硬兼施的方式迫其蓋下同意書，如有未帶印章者，則叫來刻印師當場刻印。一夕間就要奪走農民世代相傳的基業、賴以維生的土地，令他們失業又破產，農民的反抗自然頑強。

一九一三年九月底，一百多個被收購地主共同連署「廢止收買請願書」，由被徵收土地較多的徐石盛、張仁親等人擔任代表，遠赴台中向台中廳提出請願，請求總督府停止這項收購。州廳拒不受理，暗中還派武力施壓恐嚇，引發村民的恐慌和不滿，搞得劍拔弩張。一九一三年十一月二十二日，警部來到馬力埔請願代表徐石盛家時，被村民認為是大逮捕的開始，召集三庄庄民前來包圍，進行武力抵抗。衝突一發不可收拾，警察當場開槍，有人被射死，有人受傷，其餘四散奔逃，藏匿起來。

早夭的農民運動

但日本警察沒有放過，繼續追捕調查參與人士。一九一四年一月，檢察官起訴涉案人一百一十七人，其中五十七人被法院判處有罪，最高刑期坐牢四年，最低易科罰金五十圓。可憐的農民，有人含悲忍辱默默治喪，有人縱有不服也不敢上訴，很多人賣地之後，從官方所獲的「收購金」轉手繳交罰鍰，手上所剩無幾。農民學到的教訓是：你跟日本政府反抗，他就要判你罪，還罰你錢。事後甚至不敢公開談論。

這個早夭的農民運動，一直到九二一震災後，社區總體營造工作者來到新社，為重建地方史遍訪耆老，無意間才把這段隱匿的歷史給挖了出來。二〇一五年公共電視還為此拍了一集紀錄片《新社馬力埔事件：客家先民發起台灣第一次農民運動》。

影片中，劉國東的父親劉福才，用日記寫下事件發生當時慘烈的一幕：「住在水頭的廖庫，頭部中彈即死；住在上社的劉成被打中腳部，大腿重傷；廖知重傷。」

年近八十歲的詹阿香則記得小時候父親轉述給她聽的現場實況：「後來村民就跑下溝裡，當時那裡有一條溝，就順著溝往下跑，日警拿槍不停掃射，後來再射就沒有射到，村民全都跑給日本警察追，有些躲進大坑，有些跑上山頂，全部藏匿起來。」

事件發生三十幾年後才出生的水良伯，也是聽大人轉述，說外祖父曾經被日警抓去關押一個禮拜。外祖父所住的大南庄因就在馬力埔旁邊，事件發生後日警到處搜查，詢問門前玩耍的孩童，某月某日家裡大人有沒有出門去？由於一句無心的童言，警察便把外祖父當嫌疑犯給逮捕，調查一個禮拜後，確定無罪證才放人。

這件事對水良伯來說，完全不是被當作農民起義或地方慟史來講的血淚控訴，而是被當作「小孩子有耳無嘴」的負面教材，當時年齡尚幼的水良伯也受到訓誡、恐嚇，被警告：「不要亂講話，多話會惹禍。」

人的歷史，就像植物一樣，被種在地上，與土地糾結牽連的程度，甚至超過我們自己的想像。

03 甘蔗——放牛童的甜品

如今滿是果園耕作的新社，很難想像曾有過連綿千甲的蔗田。這裡，曾經是台灣「糖業王國」的發動基地，乘載著國家與民眾的各種幸福夢想……。

聊起童年往事，水良伯一定不會漏掉甘蔗，並且時而露出小孩般的頑皮笑容。

早年農家普遍貧窮，吃飽已不容易，哪有閒錢買零食給小孩吃。對這些經常飢腸轆轆的孩子們來說，公家的甘蔗田，就像天然的糖果雜貨店一樣，是一個免費打牙祭的所在。

通常農家小孩的第一份工作就是放牛，水良伯還是小小孩的時候，也經常牽著牛，踱步砍草經過蔗田，看到蔗田的管理人做固定時間和路線的巡邏。放牛的小孩一雙小眼睛，覷著管理人巡邏的身影，一等看不見管理人，便立刻動手摘下一枝甘蔗，蔗莖小孩啃，蔗葉餵牛吃，人牛合作無間，雙雙歡喜，等到管理員巡邏一圈回到原地，那根甘蔗，從肉到渣、皮到葉，都已經被消滅得屍骨無存，啥痕跡也沒留下。從管理員的眼睛，就只見一個噙著微笑的牧童和一頭牛，站在田埂邊，依舊慢吞吞地低頭踱步。

那種天然的零食和絕對環保的廚餘處理法，真是今天的我們所難以想像和望塵莫及的。

「糖業王國」的蔗苗養成所

甘蔗為多年生禾本植物，植株高約三到五公尺，莖桿直長有節，莖液滿髓高甜度。甘蔗有分紫皮甘蔗和青皮甘蔗，一般我們當水果生啃的紫皮甘蔗，莖粗皮脆，汁液多，也稱紅甘蔗。另一種青皮甘蔗，莖皮較硬，糖分高但口感不佳，繁殖力強，俗稱白甘蔗，是製糖專用的甘蔗。

今天的新社鄉，除水底寮大半為機場外，其餘大多從事果園耕作。很難想像曾有過連綿千甲的蔗田。這裡，曾經是台灣「糖業王國」的發動基地。

在日據時代，最初引進新社的甘蔗品種玫瑰竹蔗，是屬於需水分較少的「細莖竹蔗」，但一九一一至一九一二年連著發生三次大風雨後，造成甘蔗受損、嚴重減收，當時的台灣總督府不得不進行蔗作品種的改良，成立了蔗苗養成所，之後改用「大莖爪哇種蔗苗」後，發現它的抗病性強大，適合栽植。但是問題來了，這粗莖蔗種需要的水量也大，必須有穩定的供水，但新社基本上是屬於看天吃飯的乾埔型台地。

新社河階台地為第四紀古層赭色酸性土壤，階面上雖有食水嵙溪及支流鳥銃頭溪，蜿蜒向北流入大甲溪，但枯水期長，無法成為穩定的灌溉水源，所以新社的農地基本上都是「看天田」。乾旱期從九月至隔年二月，等於一年裡有六個月是乾季。

為了大規模栽培新蔗苗的養成及改良，台灣總督府於一九二八年撥出一百多萬日圓闢建灌溉渠道系統，將大甲溪的水引入新社，以進水口白冷為名，定名「白冷圳」，歷時三年六個月，在一九三二年啟用。

白冷圳的出現，為新社帶來穩定的灌溉水源，也改變了新社農作的種植型態。為了種甘蔗而帶來了白冷圳，直到蔗田都消失後，白冷圳卻長留在新社了。

台灣蔗糖的產量及價格雖起起落落，但一直到一九七五年以前，都還是台灣重要的農產業，最盛期在二次大戰前，台灣蔗糖出口量是全球第三，僅次於爪哇（荷屬東印度）及古巴。戰後台灣糖業轉向國營大廠，而位於新社的蔗苗繁殖場，也逐漸從獨鍾蔗苗，轉向多樣化種苗培植，並在一九五二年更名為「台灣省政府農林廳種苗繁殖場」。

總之，從一九一〇到一九五〇年代，約有四十年時光，新社土地上皆為大片被計畫栽種的甘蔗種苗所覆蓋。

甘蔗莖長有節，成長可達三到五公尺，比人還高。風吹時蔗浪滔天，隱隱可見公家雇用的上百個工穿梭其間。

有一段時間，糖業仍是台灣農業外銷的主力，新社也仍以種植甘蔗為主。對於蔗田千頃的景象，水良伯小時候還有印象。

04

夢想與現實之間
——白冷圳旁孕育出的「黃河果園」

新社原本是一片旱埔地，在白冷圳闢建後，讓貧瘠的砂礫地成為富庶的耕地，才開啟此地農業及觀光的契機。然而老農心中對農業的想像，卻是由「黃河」所灌溉，於是「黃河果園」就在水良伯的奇想中誕生。

長大後的水良伯，為何要把他的果園命名為「黃河果園」？他說：「因為黃河是中國農業的發源地。」

在水良伯的浪漫想像中，黃河代表著對農業的無限憧憬與想像，而這條「黃河」，更像是他各種奇想的源頭，源源不絕的灌溉著水良伯的夢想。

不過，實際上灌溉滋潤黃河果園的水源，是來自白冷圳，於一九二八年動工的一條水利工程；把大甲溪的水，從白冷高地，鑿一條溝壁為混凝土砌塊石的水路，逢山鑿隧，遇川造橋，走十六餘公里翻山越嶺地引入新社。

新社原本是一片旱埔地，因為沒有水源，加上砂礫土質，下雨後地表無法儲存水分，耕作困難。白冷圳闢建後，取自和平鄉白冷地區的大甲溪河水、結合天然的雨水形成新社的重要溪流「食水嵙溪」的源頭，最後經由石岡流入大甲溪，形成一個完整的「白冷圳水流域」系統。此一系統不僅提供重要農田灌溉及給水資源，同時也扮演現今和平區、新社區及石岡區一帶的觀光休閒產業發展的契機，讓貧瘠的砂礫地成為富庶的耕地。

白冷圳雖然不像嘉南大圳（烏山頭水庫）那般知名，但同樣是台灣一九二〇年代的重要水利工程。總工程師磯田謙雄，還是八田與一的學弟，嘉南大圳建造時，磯田謙雄是隨行工程師。跟著八田與一學習工程實務技術。

新社農業的水源命脈——白冷圳

不過白冷圳的建造構想與嘉南大圳完全不同。嘉南大圳利用原有的山谷地形，築壩蓄水，再從水庫拉灌溉渠道到平原，展現的是人為的強勢。白冷圳的工事，是利用水位自然的高低差，以虹吸管原理設計水道，把水帶入台地，屬於因勢利導，越域引水。利用海拔五五四．九九（九二一地震前為五五二．九四）公尺位於白冷高地的進水口，與終點海拔五三一．五公尺的新社「圓堀」分水池，二十三．四九公尺的落差，經過精密計算和規劃水道，以暗渠穿過山腹、以水橋或倒虹吸工法穿越溪谷，地心引力帶動水壓，自然引動水流，走了十六餘公里而完全不必耗費電力，如今看來仍是聰明而大膽、可長可久的水利工程設計。

白冷圳在一九三二年五月完工，十月十四日正式通水，灌溉面積約七九〇公頃，包含圓堀、馬力埔、水底寮、烏銃頭、矮山坑與大南等地，成為新社農業的水源命脈。它默默灌溉地方七十年，度過許多颱風地震，一九九九年發生九二一大地震時，位於車籠埔斷層邊緣的它，也受到很大的波及，全線有五二%遭到損毀。在地方人士奔走及九二一重建會的撥款之下，花了七億五千多萬經費才復建完成。

如今這條灌溉渠道通暢如昔，它甚至運用更新的生態工法，例如圳溝底改鋪鵝卵石，減少泥沙淤積，保留地下水的滲水層等等，使它變得更堅固耐用。其中一條灌溉溝渠，就流經水良伯在大南長崎頭老家的果園，走著和幾十年前一樣的水路，繼續澆灌著水良伯新果園的番茄和百香果。

對水良伯來說，幾十年來的變化，只是圳邊園壟的土坡，變成好走的水泥道路而已。渠水潺潺而流的聲音，是他從小就聽了慣的。農家兒女不論長幼，全家都要下田。襁褓中的小孩也不會被單獨留在家裡，而是帶到田邊，就近看管。

當水良伯還在牙牙學語、滿地找爬的年紀，就在田隴和灌溉渠道旁玩耍，一邊看著父母兄姊辛勤農事，一邊抓土拔草當玩具。到了能走路懂認路的年紀，就牽牛吃草，或幫忙翻番薯藤，從這類幫忙的開始，耳濡目染，邊學邊做，漸漸熟練各種農活，變成一名合格的農夫。

而在這個平凡農村小童的腦中，各種奇想也如野草般，正在生猛的成長著。

05 番薯——暴雨前的父子對話

農家長輩眼中的「乖」，像是沉默的牛，埋頭耕作、馴良服從、不多話，但水良伯自小就很有主見，而且從來不怕在大人面前發表自己的意見。

水良伯有八個兄弟姊妹，他排行第七，前面兩個哥哥四個姊姊，下面還有一個弟弟一個妹妹。水良伯總說，他是九個孩子中最叛逆的一個。

六、七十年前大家眼中的叛逆，跟現在的我們理解的叛逆，可能是很不一樣的兩件事。

出生在二戰結束後的第四年，民生凋敝，住在純樸的內山農村，沒有商場、沒有網咖、沒有飆車、沒有KTV、沒有幫派、沒有毒品，從懂事開始就在田裡幫忙農活，農忙季節連學校都顧不得去，這樣的小孩，到底如何表現「叛逆」？

這個孩子不太乖

水良伯說的「叛逆」，是「乖」的相反，農家長輩眼中的「乖」就像沉默的牛一樣埋頭耕作、馴良服從、不多話。然而水良伯自小就很有主見，而且從來不怕在大人面前發表自己的意見。看在崇尚勤懇的父親眼裡，總覺得這個孩子不太乖，腦袋瓜想東想西，發表奇怪議論，行事處處與其他孩子不同。

結果這個腦子活潑嘴又利的孩子，成為全家第一個上小學的人。雖說小學是國民義務教育，可對當時農家來說，小孩將來長大都是要幹農活的，上學讀書對未來到底有什麼實用？再說，小孩去上學，直接影響就是減少農田裡的生產人口，所以水良伯前面幾個哥哥姊姊都沒上學。即使有學上，水良伯放學之後，就要立刻下田幫忙「幹正事」；遇到農忙時節，當然也要自動請假在家幹活。

水良伯上小學時，最常幹的「正事」就是替番薯翻藤。番薯是台灣農家常見的農作，生長期短，四個月即可收成，是很好的休耕期輪耕作物。當水良伯的父親還在日本人的養成所工作時，從甘蔗砍收後到下次栽種以前，大約有半年休耕，他們被允許在蔗田裡種些花生、番薯，自採自收，不必上繳，都算自己的。

不過水良伯認為，這不是什麼德政，而是資本家的算計：「哪有這麼好康？甘蔗砍完以後，還有甘蔗頭留在土裡，一定要挖走的呀。給你種田，就是叫你順便翻土整理，省下他再請人挖掘甘蔗頭的工錢，老闆都比你會算。」

日本人離開以後，國民政府施行公地放領，父親終於有了自己的田地，也可以隨心所欲地栽種作物。許多農家開始改種水稻，自食自足，此外也兼種番薯。白米不夠吃的時候，番薯可以摻在白飯裡，補充澱粉主食來源。番薯葉割下來，煮熟切碎，拌上削番薯簽，也可以餵豬；相當實用。番薯是台灣民間最常見的農作物之一。

水良伯說，依照慣例，替番薯翻藤和除草是小孩子的工作，因為必須貼近地面，小小的身體更方便在地面上迅速移動，同時技術含量也不太高。他從七歲起，就會替番薯「培土」（即翻藤）、「挽草」（拔雜草）。

所謂翻藤，就是拉起已經長根的地瓜藤，離開地面。別小看這個小小的拉起藤葉的動作，因為人們要食用的部分是地表下的番薯根莖，如果地表上的葉子長得太茂盛，養分就會被大量瓜分，而來不及儲存在塊莖內。地瓜藤每有節處，都能長出側苗與根鬚，一觸地即發根，然後恣意蔓長。這時農人就要進行翻藤、撿藤，減少多餘的生長，好使養分儲存到有限的根莖中。不然到時候結出來的番薯，每顆都長得小小的。如果想收成塊頭豐碩的番薯，翻藤的作業絕不可少。

水良伯自小就喜歡觀察植物。十歲那年，他在番薯田裡翻藤時，看見同一畦番薯裡面，有些番薯葉長得特別小，跟旁邊的葉子都不一樣，好奇心起，翻撿著那些不同番薯葉，左看右看，推想理由，瞧著不由得發了一下呆。

「你在幹嘛？」冷不防父親從背後過來。

水良伯抬起頭來，仰望父親面無愧色：「我在學習。」

那時候，天邊已經有一角烏雲，午後西北雨的腳步正在逼近，水良伯的父親心裡著急，想快快趁暴雨落下前，把田裡的工作告一段落。回頭一看，兒子好像蹲在地上玩著葉子，心底不覺升起一把火。

「還不快加緊手腳，胡說什麼學習？」

「你不是說去學校的目的就是學習，我這就是在學習。」

父親聽完怒不可遏，抄起扁擔就是一頓打，怒斥小水良是「食無三把蕹菜，就想要上西天」，罰他從此不准再去上學。

結果，由於一片得鏽病的番薯葉，引爆父子衝突，水良伯正式上學的經歷，就在這裡戛然停止了。

誰說務農就要一輩子安貧樂道？

父親以為，讀書要是讀得不上不下，學會滿嘴歪理，那還不如不要念的好。

不料小水良內心深處的叛逆意志，就從這時起被熊熊點燃了。他開始對父親的人生價值產生懷疑。就像俗語說的：「做牛要拖，做人要磨；做雞要掅，做人要翻」[1]。水良伯父親那一代，篤信勤懇務實，相信苦幹實幹一定有收成，雖然收多收少要看老天爺，至少都有一口飯吃。

但是水良伯看著父親辛辛苦苦一輩子，也僅只是免於飢餓而已，一日不做，就不知下一頓在何處。難道務農的人注定要一輩子安貧樂道嗎？這又算是哪門子的道呢？他不知道。

水良伯雖然失學，但從來沒有停止學習。小時候他在田裡聽植物說話，長大後他出門去聽別人演講，聽農業專家演講，聽大學校長演講，聽大企業家演講，拚命吸收世界最新的趨勢和最前進的經營觀點。

其實水良伯是用他的方式，在回應父親給他的生命教育：「人要苦幹」，隨著生命閱歷加深，他的回答大到響徹雲霄：「人要學習」。

在他內心深處似乎還蹲著那個暴雨來前的番薯田裡，倔強頂撞父親的少年。

當了兩個女兒的父親之後，水良伯已經充分理解做父親的艱難，不再縈懷往事。而且誰能料到，當年最「叛逆」的兒子，如今是父親九個孩子

1 這句話的後半另外還有三種寫法：做雞要精，做人要翻；做雞著蹌，做人著翻；做雞著筅，做人著反。意思是雞要用爪子翻找泥土才有東西吃，人要打拚才能生存。

裡，唯一繼承衣缽還在務農的人；他甚至在分家以後，一一買回兄弟賣出的田產，恢復父親當年的土地規模，甚至更大。只是在他的農田裡，再也看不到高高矮矮九個揮汗如雨的孩子，悶聲不吭地跟著父母親埋頭苦做，取而代之的是聳立的溫室，以及需要精緻照顧的昂貴蔬菜和水果。

然而，直至今天，水良伯仍不喜歡吃番薯。

06 稻與麥——小農之歌

小農時代全面來臨，自耕農逐漸成為台灣農村的主力。翻開台灣雜糧作物史，會發現小麥也曾在中南部的田裡搖曳過，金黃湛湛的小麥，象徵小農之家填飽肚子之外的「有餘」。

水良伯出生的一九四九年，正好是二戰台灣農地改革的元年。一九四九年，台灣原有人口六百多萬，突然加上渡海來台的一百二十萬人，一時糧食供應緊張，還需要依賴美援。

在美國鼓勵下，國民黨政府也積極推動農地改革，推出「三七五減租」（一九四九年）、「公地放領」（一九五一年）、「耕者有其田」（一九五三年）等農改政策。這一系列政策，簡單來說，就是讓大地主釋出土地，給每個佃農擁有自己的農田，成為自耕農。當時規定地主可以保留的農地面積上限，一律為水田三甲，旱田六甲，其餘皆由政府徵收，補償以土地債券或公營獨占產業的股票等等；再將土地轉賣給農民，由農民低利償還，形成土地所有權的轉換。

水良伯的父親陳永昌先生，也是這波農地改革的受惠者，他從國家農場的受雇農工，成為擁有自己田地的自耕農。

小農時代來臨

農改後，大大改善了農地不均現象，使自耕農成為台灣農村社會的主體力量。不過也由此造成台灣農地的零碎化，小農遍布，皆為家庭式農場經濟規模。隨著農地解放，大地主消失，小農時代全面來臨。

日據時代的新社地區透過台灣總督府之力，被一一「收購」而集中的近千公頃農場，在戰後也被國民政府接收下來，更名為「台灣省政府農林廳蔗苗繁殖場」（後易名為「種苗改良繁殖場」）。一九五六年時，由於「陽明山計畫」，軍方預備擴建台中清泉崗機場，而遷移了大肚山台地一帶農民，安置到其他地方，其中大約五百戶被安置到新社定居，並且從種苗繁殖場撥出三百七十三餘公頃耕地給新移民定居，同時擴大公地放領給原有的耕農，僅保留一百零五公頃耕地空供作種苗生產及改良之用。

當然這個政策，再一次改變了新社的人口結構，使新社除了客家人、外省人，閩南人的比例也大幅增加。

總之，最遲到了水良伯七歲時，他的父親已擁有屬於自己的一甲農地，帶著九個嗷嗷待哺的孩子，過上民謠裡唱的「雙手挖土飼子來大漢」的純樸日子。

在水良伯記憶中，農家生活一直是清貧勞苦的。他的搖籃，擱在與白冷圳灌溉分渠平行的田埂邊，從有記憶以來，他就在田地頭玩泥巴抓爬，望著父母兄姊的彎腰種田的背影長大。

農家婦女也是下田耕作的，嬰幼兒都是揹到田裡，或放旁邊就近照看。到了中午，家中年紀稍長的女孩兒，必須先趕回去燒飯，好讓一家人午休歇息時剛好有熱食，下午再繼續農活。水良伯上面兩個哥哥、四個姊姊，下面一弟一妹，都是以這種模式被養大，加入家庭農業的生產隊伍，在農作中生活，在生活中學習農作，春耕夏耘秋收冬藏，四季忙碌不停。

其實水良伯不是喜歡耽溺於回憶的人。對於這段少年務農生涯，他說得特別簡單：從有記憶以來就在務農，種過水稻、番薯、棉花、小麥、高粱，枇杷、芒果、葡萄等等。一家人從年頭忙到年尾，拚命勞動，但生活環境並沒有得到什麼的改善，依然清貧刻苦。

「我有植物教，植物會跟我說話。」

水良伯從少年到青年時代的務農歲月，有如俗話說的光陰如箭、歲月如梭，彷彿真的被裝上飛梭一樣，咻地快轉而過，不到眨兩下眼皮的時間，水良伯已經說到了結論：「光做，還不夠。」

快得我們幾乎來不及捕捉其中點點滴滴的畫面；譬如說，小小水良繼續在田裡做農稼時，看著其他小朋友繼續上學，經過田邊時，是什麼心情？

「他們有學校老師教，但我有植物教，植物會跟我說話。」水良伯補充。

父親和兄長會傳授如何種田嗎？

「他們會做，但並不太問為什麼。只是我會拚命想知道，為什麼，比方說為什麼這株看起來跟那株不一樣？為什麼植物會『生病』？」

那麼植物是怎樣說話呢？

「比方說麥子，都是大面積栽種的，溫度一不對，麥子就黃了，濕度太高，葉子也會變黃，一般的說法叫『鏽病』。」

新社也適合種小麥嗎？

「小麥是旱作，水稻收割後，田是乾的，剛好可以種小麥。新社的稻作是一年兩作，等秋天收割到隔年春天播種，中間有三、四個月的時間，我們就利用這休耕期種些小麥、番薯之類的旱作。麥子收成以後，麥桿還可以壓入土中作堆肥，這叫做農地輪種。」水良伯說。

他又補充：「在我小時候，稻米價格很便宜，除了自己吃以外，賣出去也賺不了多少錢，反而是休耕期間種的小麥，可以立刻賣出去變現，才是農民現金收入的主要來源喔。」

小麥種植在台灣

在我們一般印象中，小麥好像是溫帶、北方的農作物，好像不該種植在亞熱帶島嶼台灣，然而，翻開台灣雜糧作物的歷史，會發現小麥在台灣栽植起碼有百年以上的歷史。在日治時代以前多採粗放農耕，統稱為「在來種」，到了大正時代，才從日本埼玉縣開始引進「埼玉二十七號」的中晚熟麥種，經過多年試驗配種，培育出更適合台灣風土的台中一號到台中三十二號。

台中州正是當時台灣小麥最重要的產地。在台灣總督府農事試驗場擔任技手的磯永吉，也就是後來的「蓬萊米之父」，很早就有了水稻與旱麥輪種的農業計畫。他發現台灣因為冬天天候溫暖，麥子生長快速，比起在日本內地，麥作需要六個月，在台灣只要四個月，足足少了兩個月，更具經濟效益。而且，小麥試種後的麩質鑑定及品質比較結果，絲毫不輸日本。足見氣候溫暖、濕度低、高日照的台灣中南部，也適合小麥的栽種。

戰後的人口糧食壓力，使國民政府亦積極鼓勵支持農民稻麥輪種，在一九五〇年代初期，小麥產量還遠超過戰前，當時農復會（全稱「中國農村復興聯合委員會」）還在台中十一座「麥種倉庫」以保存麥種。直到一九六〇年代，政府高價外銷米、低價進口糧食的政策，使小麥的價格直直落，小麥栽培面積也急劇減縮，終於使冬季黃金麥浪搖曳的景觀，漸漸淡出歷史。

水良伯回憶起童年稻麥輪種的土地節奏，依然歷歷如昨：十一月二期稻作收割完畢，十二月撒麥種，一、二月收割，三月開始插第一期作的秧苗。

他說其實直到今天，嘉義、彰化，都有人種麥子，只是產量不到進口量〇・一%，也進不了農業統計年報。此外，就是台中大雅一帶，仍持續有人種麥，收購者為台灣省菸酒公賣局和金門酒廠，做為酒麴釀造紹興酒、高粱酒之用。

即使自家種著小麥，不過，吃麵包對幼時的水良伯來說還是很洋氣的一件事。偶爾拿剩餘的小麥磨成麵粉，拿回家烤成麵包來吃，都覺得異常奢侈和稀罕。

「現在想起來，我們那時烤的麵包，跟現在麵包店專賣店賣的產品比起來，簡直太差、太粗了，不過小時候的我們，卻像捧著寶貝，吃得香噴噴的。」水良伯笑說。

說完，水良伯還興沖沖地約我們下次一起到大雅去看麥田。

看來，終年無休的農地與四季忙碌的農民，隔著時光的濾鏡，顏色還是暖的，香味還是甜的。

那金黃湛湛的小麥，正象徵小農之家填飽肚子之外的「有餘」。

07 如何擺脫宿命？

台灣農業長期處於產銷失衡，始終難以擺脫「穀賤傷農」的命運，為了擺脫「做牛拖犁拖到死」的宿命，水良伯決定做一個「會想會講」的智慧型農夫。

通常我們會有一種成見，以為一塊土地，只會有幾種最適合栽種的植物，然後只要把這幾種植物種好，就可以成為頂尖農夫。

可是一輩子與農作物為伍的水良伯卻說，土地比天公伯還慷慨，無論種好種壞總會給人回饋，只是什麼叫做「種對」，並不是由土地來決定。

種苗改良繁殖場——近水樓台先得月

小麥價格直直落以後，水良伯家的農地改種棉花，新社生產的「大南棉」曾經名噪一時，吸引了從彰化伸港遷移到大南村的居民，利用大南棉從事手工棉被的製造，極盛時期在大南村就有六家棉被行。後來棉花價格也不行了，就又改種葡萄、蜜梨、枇杷，近二十年來以南瓜、洋香瓜等瓜果為主。

不僅水良伯家，全新社的農家，似乎都奉行著「風水輪流轉」這句話，不斷改種。如今的新社，再也沒有稻、麥的蹤跡，主要農作物為香菇、蔬菜、水果。

水良伯的說法是：新社是好山好水，農民聰明又老實，可以種出很多好的農產品。

由於新社種苗改良繁殖場就在本地，近水樓台，許多高單價、新開發的農作物，一開始都從新社開始試種，農民看到試種結果不錯，市場價格也好，就積極引進自己的農地栽種。慢慢種植技術愈好，產量倍增，口碑也傳開之後，就在全省其他各地方流行起來。不過等大流行以後，價格便開始往下掉。然後，農民發現沒什麼利潤，就再改種別的作物。

基本上，就是看什麼賺錢就種什麼，不賺錢了就改種別的。這種產業快速轉型的現象，不單在新社，放眼台灣，全省農村比比皆是。

這似乎說明長期以來，台灣農業處於產銷失衡的狀態，農夫不知道如何配合供需去生產，看到什麼作物價格好就一窩蜂地搶種，導致價格崩盤。如此一來，農地很忙，農民也很忙，從年頭忙到年尾，從前年忙到今年，卻始終難以擺脫穀賤傷農的宿命。

「光做不夠，還要學，更要會想。」

每每聊到這裡，水良伯的眼底就冒出火苗，臉面上出現急躁難耐的神色。他一世務農，半生所想，就是如何擺脫務農必然貧窮的宿命。於是他加快語速，快轉年輕時「試錯」階段的種種，更熱烈地聊起農業的前瞻性。他信誓旦旦：台灣農業一定會成為未來最有潛力的綠色產業。「光是做，還不夠」，是水良伯老掛在口頭上的一句話。與其說來自什麼抽象高深的知識理論，不如說這完全是從自己親身體會過的生命經驗而來。

他眼看著父親一輩的傳統農民，篤信著有做就有收成，有收成就能過活的生命哲學，安分守己，勤勉一世，擺脫不了「菜蟲吃菜菜腳死，做牛拖犁拖到死」的觀念，由此生出自己的農民哲學：「還要學，更要會想。」言下之意，就是認為一個務農者應將農業視為專業來經營，時時調整思維，改變觀念，做一個與時俱進的智慧型農夫。

從另一個角度來說，過去台灣農民，與其說是遇上什麼頑強的個人「宿命」，不如說是整個二十世紀的國家發展，以犧牲農業、扶植工商業的方式促進經濟，無形中迫使農民成為被犧牲的社會底層。

在田埂與一壺濃茶之間

這種結構性問題，當然不適合在田埂旁的邊走邊聊；也不是邊打茶爐閒談時，三言兩語所能道盡的；更何況這完全超乎一個都市人的體驗。這是一個務農幾十寒暑的資深農夫，從埋頭苦幹、撥雲見日到豁然開朗，所深切累積的感受，此刻試圖濃縮在一盞茶時間，盡洩而出。

因此往往說著說著，水良伯心裡湧起一股憋屈，他說得口沫橫飛，心焦氣燥，聽者卻若明未明。

初識水良伯時，經常看到今年已七十一歲的他，前一個鐘頭，還赤著雙腳，踩在鬆軟的泥土在果園裡，老練地撥開菜葉，抓出色同難辨的菜蟲。下一個鐘頭，他擦乾雙腳，在客廳泡壺濃茶，便立刻開始侃侃而談農業的企業化管理、產業化思維，甚至國際化進擊等農經話題。這兩種看似矛盾的形象，竟毫無違和地交疊在他身上。

偶爾不免也會聽到水良伯向訪問者「抱怨」：哎喲，光談我這個人有什麼意思啦？我更關切的是「農」民和「農」業呀！一直寫我種的東西做什麼呢？我種的東西是要好吃，又不是為了被拿來研究！

或許水良伯沒有發現，他數十年來的農耕生活，已不知不覺反映出二戰後台灣農村一路走來的軌跡，換句話說，他自己就是台灣「農」友生命的活見證。

正如他從一片細細尖尖的麥葉上，嗅到了植物的熱和渴，讀到空氣裡的溫度和濕度。從水良伯的農業觀點，其實不是一種理論，而是親身經歷以後，像顆果樹一暝大一寸從土地裡生長出來，逐漸形成他自己的一套「老農哲學」。

08 棉花——溫暖與寒冷交織的少年回憶

寒冷的冬季，少年鑽進被窩，被胎裡填著的是自己親手揮汗耕作過的棉花，那種溫度與觸感，應該只有蓋過的人才懂。

大概很多人沒想到，新社也曾經是台灣的棉花種植地吧。

大約五十多年前，新社曾廣植棉花。棉花是全年性的經濟作物，三月種植，經過五個月開花結果，果實成熟裂開就露出雪白的棉花，開始採收。從七月一路採收到十二月底，田中白帥帥一片，彷彿平地降雪，在陽光下雪雪發亮。

在水良伯的記憶裡，大概十歲左右，家裡從水稻改種棉花。春天種棉，夏天開花，秋天採收，最後葉片落盡，只剩點點雪白。

一九五〇年代新社農地的明星——棉花

根據水良伯的回憶，改種棉花的契機，可能是跟水田變旱田有關。因為軍方的「陽明山計畫」，在清泉岡附近興建機場，大肚山台地一帶（包含今天的清水、沙鹿、大雅、神岡等地）的居民被遷村來到新社。這些人是傳統的稻作農民，來到新社也從熟悉的水稻開始種起，於是瓜分了灌溉水源。以前居民還少，水量還算充沛，移民加入後，供水漸顯不足；窮則變，變則通，適合旱地的棉花就登場成為新社農地的主角了。

據楊鎮宇《食．農：給下一代的風土備忘錄》所述：一九五九年發生八七水災，米價、菜價高漲，國家農業政策開始有所調整，從做為「反共復興基地」，務求「糧食自給自足」，轉而鼓勵農民改種經濟作物。時機上似乎也與水良伯家的農田改作時間吻合。

棉花喜歡乾燥、炎熱、日照充足、少雨潦的環境。早在日據時期，日本人就擬定十年計畫，鼓勵台灣中南部種棉花。因為雲林雨量少，當時棉田多分布在雲林一帶，如褒忠、元長、北港，其他如嘉義的朴子、義竹，台南的將軍和北門等地，也都有零星種植。到一九四一年時，台灣進入棉花種植最盛期，全台總栽種面積曾高達六千多公頃。

台灣光復後，大量大陸棉花湧入，一度重創本土產業，植棉面積從兩千多公頃銳減為不到兩百公頃，後來大陸棉花來源斷絕，植綿面積開始回升，到一九五二年時，恢復到兩千多公頃。隨著生產技術逐漸進步，單位面積產量增加，到一九五七年時，棉花總產量已達近四千公噸。不過由於國內人工成本愈來愈貴，加上大量開放國外棉花進口，才讓台灣的棉花生產逐漸走入歷史。不過，隨著第一次綠色革命的落幕以及反思，湧起生態農業的新潮流，近年來有人在台灣南投、雲林、台南等零星農場，已開始試種有機棉了。

但是，棉花在日頭下發光的畫面，對水良伯來說，早已是他少年到青年時代的記憶場景。從入秋到冬天不斷採收棉花，棉花曬乾、脫籽以後，就可以出售。那時候在新社大街上，還有五、六家棉被店，品質上佳，有口皆碑，在台灣中部一帶，新社曾是頗有名氣的棉鄉。

然身為棉花生產者的農戶，卻提供不起家中食指浩繁的孩子們，人人都有一條新棉被可蓋。水良伯父母想了一個辦法，每年積攢一些棉花，隔年就打條新棉被，輪流給孩子們汰換舊被。

水良伯的第一條新棉被

於是，新棉被從大哥、大姐開始，三姐，四姐……，差不多每兩年才分到一條，還沒分到新棉被的弟弟妹妹們，就從三個人擠一條棉被，慢慢變成兩人合蓋。而水良伯排行老七。他抱著欣羨又期待的心情，等待每天辛苦種植採收的棉花，有一年會圍擁在他的身上，特別在冬夜。大約等到十七、八歲的時候，他終於得到生平第一條新棉被。

這大概就是那個時代的「小確幸」吧，微小、確定，掬手可握的幸福。

水良伯得到第一條屬於自己的新棉被時，台灣棉花產業卻也差不多走向黃昏了。在美援的經濟現實下，台灣從一九五三年開始向美國進口小麥，一九六一年起進口棉花、奶粉等農產品，進口量還逐步調增。低價的進口棉花，一下子就使本土產業失去了競爭優勢，任憑農事技術再好，在消費引導的市場經濟下，也不得不敗下陣來。而五〇、六〇年代，正好也是台灣棉紡織產業快速起飛，遠超過國內需求量，開始尋求出口的階段；不料遇到人造纖維（原料來自石化工業）崛起，加上進口棉花成本較低等等外在原因，在在都擠壓了國內棉花市場，影響棉農的收入。

可是這些，哪裡是一個勤勤懇懇在田裡勞作，日夜期盼著一條自己的新棉被的農家少年，可能想像得到的呢？

許多年以後，水良伯已轉型為智慧農夫，到處聽演講汲取新知識，也經常到台北上課。偶然間遇到一位同堂聽講的公務員，聽說水良伯來自新社，興奮說起她出嫁以前，在新社買一條棉被的故事。

原來這位女士娘家在苗栗卓蘭。四、五十年前，交通並不像今天這麼便捷，從卓蘭到新社距離二十公里，也要搭半天車，往返將近一天時間，但是在故鄉的父親，為了送給遠嫁台北的女兒一床好被當作嫁妝，特地到新社去打新棉被。

對這位女士來說，她新婚的第一條棉被，來自新社。這一條棉被，承載著父母對女兒的千里愛意，也承載著女兒對故鄉的深深懷念。

不愛提年輕時的水良伯，倒是津津樂道這條棉被的故事，言辭間充滿對新社棉花的驕傲，雖然今日新社早已不見棉田，但那陽光下閃亮的平地雪，好像還歷歷在眼前，在微風裡搖動著。我猜想應該是卓蘭女士的那條棉被，同時也勾起水良伯自己的青春回憶，既溫暖快樂又帶點青澀。

寒冷的冬季，從北風刮面的田地走回家中，少年鑽進被窩，被胎裡還填著自己曾親手揮汗耕作過的棉花，那種溫度與觸感必定難以言傳，彷彿只有蓋過的人才懂得。

09 颱風草——要向前行，就先倒退嚕

根據民間說法，颱風草的葉片無摺痕，表示來年將沒有風災，現代雖有便利的氣象預報系統，但很多自然的徵兆也值得留心。當中有許多先民累積的智慧，可不要失傳了。

早年農民沒有氣象預報，他們必須從大自然種種跡象找出蛛絲馬跡，經驗累積代代流傳，這不算是「科學知識」，只能說是一種「先民智慧」，颱風草就是其中之一。

還在孩提時代，水良伯就從祖父那裡聽說過——颱風草能預測颱風。

以前颱風草在野外到處都是，現在農地除草劑用得多了，想要找到一叢颱風草來觀測，還得特別到山上才比較容易找到。

「占風小草」其來有自

颱風草，學名叫棕葉狗尾草，是台灣森林中最常見的草類之一，為台灣原生種，高約一百公分，葉子寬大細長，上下都具有細毛，葉面有刺毛，葉片有著明顯的縱向皺摺，還有一至數條的橫向皺摺，與縱紋垂直。颱風草喜歡生長在森林內部光線稍微不足之處或林蔭下，每年十一月秋天是開花的季節。

民間稱之為颱風草，是因為先民會利用其葉片上與縱軸垂直的橫條紋帶，來預測當年颱風侵襲的次數。此外颱風草也是黑樹蔭蝶、樹蔭蝶的主要食草。在野外救急時，可以將葉片搗碎敷在傷口止血。

雖然沒有科學依據，但在台灣民間，關於颱風草有不少傳說。據說，每到立春，原住民便利用其葉片上摺痕占卜，橫摺痕多寡，就代表今年颱風來襲的數量。根據第一個摺痕距離葉柄的位置，還可以判斷預測颱風來襲的時間。譬如說，颱風草葉面摺痕愈靠近前端，表示颱風在年初；摺痕在葉尾，代表颱風來得晚。皺摺愈多，颱風愈多。

最早從《台灣府志》已有記載：「土番識風草」，說的是原住民的民風習俗，「風草」指的就是颱風草。《台灣府志．卷七》又說：「此草生無節，則周年俱無颱，一節，則颱一次；二節，二次；多節，則多次。」後來志書也有載錄，文人墨客就從這說法衍生詩句，並稱之「占風小草」，或簡稱「風草」。

如清代孫爾準的《台陽雜詠》中有詩曰：

風草欣無節
雙筠怯走鞭
玉香花媚晚
金綴菊迎年

風草無節，就是說看見颱風草的葉片無摺痕，表示來年將沒有風災，是大豐年的吉兆。林則徐為孫爾準詩冊題詩也說：「颱草無風番檨熟」，意思是颱風草預示了無颱風侵襲，番檨（芒果）會留待果樹上自然成熟，豐年大吉，天下太平。在這首應酬詩中，林則徐無疑也採用了台灣民間關於颱風草的傳說。

水良伯當然不曾讀這些詩冊，但他是從生活環境中，也觀察到了颱風草的摺痕。

「科學知識」VS.「先民智慧」

有一次氣象達人彭啟明在戶外直播時，找了水良伯開講。聽水良伯示範怎樣看颱風草的摺痕，他不知這些民間傳說是否可信，便問水良伯：如果同一植株，這片葉子有兩摺，那片葉子三摺，那該怎麼辦？

水良伯斬釘截鐵地說，不會，他從來沒看過這種情形。他反問彭啟明：「現代科技這麼發達，有雷達和衛星預測氣象，但準確率大概也沒有百分之百吧？」

一席話頂得氣象達人苦笑起來。

水良伯仰起頭說，其實預測天象，自然界不會只給單一徵兆。看看山上鳥巢和蜂巢在樹上築巢的高度，如果鳥巢結得愈高，表示這一年颱風的機率愈小，不怕大風把鳥巢搖落。還有山上的虎頭蜂，同樣懂得趨吉避凶，沒有颱風來襲或未帶來強風豪雨的一年，虎頭蜂會選擇人類或地面動物干擾不到的高處築巢，看到虎頭蜂巢高度都超過五公尺，表示這一年無強颱，可如果虎頭蜂結巢不到一公尺半高，伸手即觸，可就代表今年侵台的颱風可能是來者不善了。

水良伯說，動物和植物都比人類靈敏多了。地震發生以前，山上的老鼠會跑到平地，罕見的蟲都鑽地而出。他記得九二一地震前夕，鄰居家的狗連吠了三天，吠到雞犬不寧，人心惶惶。然後當晚地震就發生了。

水良伯從不反對科學進步，但他希望老祖宗留下的智慧與經驗，也可以被流傳下來。

以前台灣人種田，插秧（台語：「播田」）在前，身步向後，邊倒退走邊插秧，退到最後，秧行也插滿了；所以老一輩有「倒退嚕，向前進」的說法。現代人用農具機器插秧，對這種說法，可能就會丈二金剛摸不著頭腦。

現代有便利的氣象預報系統，很多自然的徵兆也就被人忽略，懂得看颱風草摺節、虎頭蜂結巢的人，也會愈來愈少了吧。水良伯憂心的是，這些先民的智慧，有一天再也沒有人聽聞，完全被遺忘了。

對水良伯來說，「倒退嚕，向前進」，代表的是：要向前進，也需要倒退嚕。

10 葡萄的滋味
——命運的作弄和啟發

二十四歲那年，水良伯開始去台中農業試驗所上課、聽演講，他聽好聽滿的學習之旅，就從那裡開始。急著汲取知識的他，就像一串生長中的葡萄，漸漸厚實。

水良伯說，在他二十幾歲當兵前後，家裡農田主要作物就是葡萄。

二十歲時，他收到徵兵令，離家到屏東服役，服役的單位是屏東空軍基地修理部，他因此學會修飛機的專門技術。

當時美軍正在越南打越戰，就近以台灣做中途維修站，這樣軍機故障或保養就不用大老遠飛一趟回美國。水良伯學到的技術，在當時是正是一門熱騰騰的手藝，他退伍後，立即就被亞洲航空公司在台南的飛機維修廠，招考進去當技術人員，領著美商公司水準的待遇，週休二日，在所有人眼中都是令人豔羨的好差事。水良伯也在那時認識了同樣在亞航任職、出身台南玉井農家的女孩兒。這似乎是水良伯人生中，很有機會脫離農村的一次好機遇。

但命運這時卻施展了無名的力量，就像葡萄藤般又將他纏繞住，讓水良伯終究還是回到農業的世界。

葡萄在新社

話說葡萄是喜光植物，對光的要求較高，光照時數長短對葡萄生長發育、產量和品質有很大影響。光照不足時，新梢生長細弱，葉片薄，葉色淡，果穗小，落花落果多，產量低，品質差，冬芽分化不良。所以栽種時，要求選擇光照好的地方，並且注意通風、採光。

葡萄在不同時期，對水分要求不同。在早春萌芽、新梢生長期、幼果膨大期要求有充足的水分供應，一般隔七到十天灌水一次，使土壤含水量達七〇％左右為宜。在漿果成熟期前後壤含水量達六〇％左右較好。但雨量過多要注意及時排水，以免濕度過大影響漿果質量，還易發生病害。如雨水過少，要每隔十天左右灌一次水，否則久旱逢雨易出現裂果，造成經濟損失。

葡萄在新社可以生長兩期，春夏一期，秋冬一期。比起稻、麥、棉花或甘蔗，葡萄所需要的照護呵護更為細膩和繁瑣。而且葡萄在台灣這個亞熱帶島嶼，生長條件並不算太好。溫差不夠大，開花結果常會不順利，高濕帶來多菌，會危害果實，增加很多栽培難度。

最初台灣的葡萄，都是從日本引進來的，日本葡萄品種跟美國不一樣，非常容易落果，或是花開得茂密，結果卻結得稀疏。他們經過多年的摸索，才慢慢克服落果的問題，讓葡萄從一串十幾顆到結果纍纍。

所幸葡萄對土壤的適應性較強，除了沼澤地和重度鹽鹼化的地方不適宜生長外，其餘各類型土壤都能栽培，而以肥沃的沙壤土最為適宜。不同土壤對葡萄生長發充和品質有不同的影響。

舉例來說，台灣新社的土壤偏酸，彰化、雲林的土質偏鹼性，但都可以栽種出品質很好的葡萄，只是酸甜度比例不一樣。水良伯說，比起聞名的溪洲葡萄，新社葡萄另有一番滋味。

分家與返鄉務農

正當水良伯開始思考離開農業時，沒想到母親卻罹患了癌症，一向無存款的一家人立刻陷入借貸看病的窘境。水良伯月薪有一萬台幣，在一九六〇年代末算是高薪，一天上班時數若超過八小時還有加班費。不過水良伯將薪水盡數投入母親的醫藥費裡，依然無法挽回母親的生命。

當時水良伯還不知道，彼時父親心裡已經起了分家的念頭。由於水良伯的哥哥們，都已經娶妻生子，也都是獨當一面的農夫了，就像分枝出去的樹種，可以獨自另成根系。或許也因為母親的一場病故，使父親徹底回顧自己的人生，決定讓兒子們各自尋求新的命運。

向來被視為「叛逆」的水良伯，沒想到毅然決然辭掉工作，帶著已經決定共結連理的女朋友，從台南回到新社，繼承家業。

「這大概就是台灣人說的『歹子飼父』吧。」水良伯笑說。

表面上是「繼承家業」，實際上水良伯已經決定做一個跟父親不一樣的農夫。但怎麼不一樣法？他還有點摸不到頭緒。

他矮身走進葡萄藤下，修剪副穗，並趕在開花前追加氮磷肥及灌水，以免落花落果。植物會告訴他，它們需要什麼樣的照顧，生長得舒坦不舒坦，會不會結出碩大的果實。但植物無法教他如何判斷瓜果市場，讓所種的植物賺大錢，做一個能累積財富的農夫。

去聽農業試驗所的課程

水良伯一直覺得自己幼年失學是個遺憾，不像其他讀書的人「有出脫」。這時有個人跟他說，學習，又不一定要在學校；不是在學校裡教書的人，才叫老師；可以教你東西的人，都是老師；知識，可以從一張嘴說出來，不一定寫成文字的才叫學問。

水良伯一聽如醍醐灌頂。從此只要有空閒，他就去打聽哪裡有好的演講，只要有用，多遠他都會去。農業試驗所和各地農業改良場很多課程是對農民免費開放的，水良伯聽好聽滿的學習之旅，就從這裡開始。

那一年，他二十四歲。

他發現這世界的教室何其之多，分布在全省各地，甚至在各行各業，只要大膽走進去，他就可以當一名學生，把演講者蘊積整理的知識經驗，飽飽滿滿地吸收進來。

聽完演講，他自覺就像一串結實的葡萄，顆顆水潤，漸漸厚實。

他的人生就從從這一年起，有如他果園的葡萄一樣，不再落果。

Part 2

走出傳統

藍海農夫，掌握自己的命運

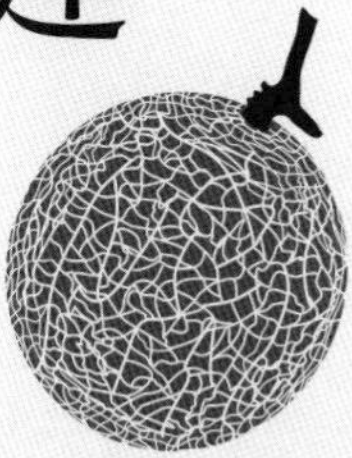

11 網紋洋香瓜——大器晚成

生性不服輸的水良伯，一直想在耕地上決一勝負。每當他思考下一季該種什麼時，頂級洋香瓜就會飄過腦際，他始終忘不了，那高高在上，如傳奇般存在的瓜中之王。

一九九九年九月二十一日凌晨一點四十七分，台灣全島都感受到長達一百零二秒的天搖地動。一瞬間水電全斷，房屋坍塌，道路隆起，鐵軌扭曲……斷層錯位，在台灣中部山區扯裂八十五公里長的破碎帶。這個台灣二戰至今破壞力最強的九二一大地震，震央集集距離新社，大約六十公里左右。

水良伯小時候住的土角厝，也在劇烈的搖晃中垮下來。

地震後的第一個衝動

位於大南台地水底寮段的這間老宅，水良伯的老父親當時還居住於此，水良伯一家人則搬到馬力埔段的鋼筋水泥街屋。可巧在地震前一個月，父親因跌倒骨折住院，當時還在醫院病房治療未癒，幸運逃過一劫。

雖然如此，大家還驚惶未定之際，水良伯已摸黑出門，驅車趕往黃河果園，拿起水電筒四處探照。

因為前一年一九九八年底，他才剛剛搭建了務農生涯以來的第一間溫室。那時，水良伯虛歲五十歲，心中的夢想卻愈來愈強烈，讓他決定獨資嘗試種植在台灣還很稀罕的新農作物——網紋洋香瓜。占地約一百五十坪，半分地，投資二十二萬，棚架搭好，大型抽風機也買了，沒想到，才剛蓋好就遇上百年難得一見的大地震。

黑暗中，溫室還完好地杵在田中間，似乎沒怎麼受到毀損。

水良伯各處查看過後，站在夜風中，長吁一口氣，空氣中還飄散著災難的特殊氣味。他發現緊張懸惴的心情，像退潮汐一樣慢慢褪下，另一股四顧茫然心不安的心緒，就像下一波浪潮似地拍打上岸。

洋香瓜種得成嗎？他發現自己從來不曾像此刻一樣，期待天趕快亮，像露珠蒸散一樣，蒸發掉他一切的猶疑。

一顆千元以上的嬌貴瓜王

洋香瓜，原產於非洲的厚皮甜瓜，性喜溫暖多日照的氣候，具有多種不同類型，國內常見如光皮洋香瓜、網紋洋香瓜、具新疆血統的哈密瓜，都屬於同科瓜族。一般瓜果分為脆瓜、綿瓜，台灣本地改良出產的香瓜、洋香瓜、哈密瓜品種，幾乎都是脆瓜類；而水良伯要種的阿露斯（アールス）網紋洋香瓜，屬於綿瓜類，過去只有日本進口；熱量低，水分高，入口即化，口感與脆瓜完全不一樣。這種洋香瓜外型圓潤飽滿，網紋密而浮凸，品相極美，兼香味濃郁，耐晚熟存放，只是種植條件嚴苛，種植工序繁瑣，即使在日本也價格不菲，有「瓜中之王」之稱。

回想當初這個「洋香瓜之夢」，水良伯說他早在二十幾歲的時候就聽說日本洋香瓜，印象特別深刻。那時台灣尚未開放觀光，少數有機會出國去日本的朋友，回來總會驕傲地炫耀，說他們在日本吃到一種特別昂貴、綿軟、香甜的網紋洋香瓜，口感多麼新奇別致，一顆要價台幣千元以上。即使地處亞熱帶的台灣，水果種類既多又便宜，但這種網紋洋香瓜卻是前所未見，也沒有聽說誰種植。

聽著他們的嘖嘖稱奇，臉上露出難以言喻的滿足感，他心中不禁湧起嚮往。年輕的他心想：「為什麼只有少數人吃得到頂級洋香瓜，品嘗得到那種幸福和滿足感？」他希望全台灣人都可以吃得到，從那時起，立志要種出頂級洋香瓜的心願，就悄悄在這個年輕人的心中種下了。

因此，當他在報導中看到行政院農委會農業試驗所的鳳山熱帶園藝試驗分所，來了一個留日的農業博士，正在南部試驗栽培洋香瓜，他立刻專程南下去見這位農業專家，並趁機表達他想參與試種洋香瓜的意願。

只是聽過沈再發博士解說後，水良伯發現那是一個與慣行農法完全不一樣的世界：鳳山農試所正預備與一些南部在地果農合作，在防寒、保溫、防雨的溫室內，將洋香瓜栽植在培養液裡，做浮根式水耕。同時，在溫室內、外、培養液中都裝有感應器，用電腦每半小時記錄一次的方式，精密地觀測洋香瓜定植以後，每個成長階段所需要的養分變化，以及不同品種洋香瓜的本土適應性。

這種結合科技與農業的做法，有點類似源自荷蘭的「富丸ムーチョ」（Tomimura Mucho）番茄植物工廠，以精密機器工廠的概念建造果園：封閉的溫室，完全排除了天候和自然環境的影響，以人工光源、噴霧水耕，培養液提供營養，對每條生產線的光線、溫度、濕度、二氧化碳的濃度，都進行精密的掌控和機械化管理。甚至達到出貨規格後，將條形水耕槽運送到採收區域，最後蔬菜連盆缽一起包裝出貨，讓農產品有如工業產品的量產生產線一般被生產出來。在「植物工廠」工作的農夫，也像公務員一樣，坐在電腦前上班，每天準時上下班。

不過，這種「植物工廠」的規模很大，以小農為主的台灣難以模仿。當時這類「園藝設施」型的農業科技，在台灣只應用於研究實驗上，很少用做生產模式。

「要蓋一座溫室……」，務實的年輕水良伯首先想到的是這個「坎」。這對當時成家自立沒多久的他來說，簡直跟做白日夢一樣。

只是誰知道，這個白日夢不但沒有被時光沖淡、消失，反而像孢子著了根似的，駐進水良伯心中；陪著他下田種葡萄，陪著他學種高接梨，陪著他改種枇杷和高冷蔬菜，二十多年來，在他心中默默萌芽、茁壯。

青年時代的水良伯，也曾如同當時大多數台灣農民一樣，被市場規律推著走，搶種市場價格好的作物。經常一連好幾年，人人都栽種同一種農作物，愈種愈上手，愈種技術愈好，產量不斷提升，直到市場供過於求為止，價格一落千丈。或者遇到天災或突如其來的病蟲害，搞得血本無歸，自認倒楣。或者在一次外貿談判之後，進口農產品乍然開放湧入，以難以競爭的低價，殺得本地生產者趴倒在地。

這跟台灣特有的農業型態有點關係。由於小農為主，生產規模有限，人工貴，成本高，無法像國外大農場一樣以量制價；再加上產銷制度失調，面對全球化的農產品競爭，本地小農經常處於劣勢。而當農民發現再怎麼辛苦耕種也不再有利潤的時候，便被迫改種其他農作物；甚至直接休耕，請領休耕補助度日。一等都市建商前來變更地目、收購土地，便把土地賣了，成為「田僑仔」。

二十五歲到五十歲的水良伯，在鄉親眼中像是個吊兒郎當的人，沒人曉得不服輸的他，始終想在耕地上決一勝負。而每當他又重新計畫下一季該種什麼的時候，頂級洋香瓜的名字就會飄過腦際。他始終忘不了，那高高在上、毫不受景氣影響、如傳奇般存在的瓜中之王。

山地種洋香瓜，前所未聞

新社地方的農人們聽說水良伯的洋香瓜之夢時，幾乎無人不笑他異想天開。他們說：「日本洋香瓜是何等嬌貴之物，專家們還把它泡在營養水裡面養大呢，哪是土巴巴的我們種得起來的？」

一九八〇到一九九〇年代，日本進口的網紋洋香瓜已經在台灣配種成功，培育出可以適應台灣氣候的洋香瓜，在台南、雲林、嘉義一帶，開始有農人投入栽種。以最大產地台南為例，當地農民用造價較低的ＰＥ塑膠布蓋在矮棚上，一畦一百公尺長如隧道般迤邐，寒流來或下雨天把塑膠布放下，遇熱放晴時再把塑膠布掀開，一樣可達到防寒、保溫、防雨、防蟲及調節產期的溫室效果。

但由於這種隧道棚栽培，是讓瓜藤匍匐在地生長，瓜熟以後，容易有一面照不到光，導致顏色不勻，影響品相；同時這種隧道型溫室的溫度及溼度，比較難控制，當溫度太高時，很容易引起熱障害。總之，品質仍比不上日本頂級洋香瓜，價格也差了一截。

這時又有人說：洋香瓜即使能種，也只能種在高溫、乾燥、日照足、排水性良好的砂質土，跟香瓜、西瓜一樣，適合種在海邊平地上，不可能拿到五百公尺以上的高地栽種。

不過陳水良認為，關鍵應該不在地區，而取決於溫度。以西瓜為例，台灣地形南北長而東西窄，全台都有種植，每年最早產出西瓜的地方是屏東，入冬種植，年初即在採收。接著是台南，大約清明前後採收。而後是彰化，採收期在初夏。接著後龍、桃園，一路北上，採收期晚至七、八月，新社的西瓜也差，趕在全台生產季的末尾，因為台地海拔五百公尺，溫度跟北部差不多。

同樣的道理，山區和平地的溫度差，也可以用同樣方法解決。如果說洋香瓜在南部平地，選在溫暖少雨的秋冬栽植，栽種期從九月颱風季節結束後至翌年一月，那麼在中部山區，何不選在春夏栽種？

何況蓋了溫室後，颱風、下雨、潮濕、陰冷、氣溫驟降，都不再成為威脅嬌嫩敏感的洋香瓜的氣候條件了。

洋香瓜這種植物對溫度相當敏感，生長環境的溫度不能太低，要是過高的話，根系又會停止發育。土壤酸鹼度以六到六．六為宜，這與新社土質頗相適。而且水良伯發現新社地區的早晚溫差大，可達到攝氏十度以上，特別適合甜瓜的生產。因為白天植物吸收陽光，製造養分，晚上則回流葉片、果實；如果晚上溫度太高，植物將繼續運作、無法休息，就會消耗養分，果實品質比較不好。

經過多年來的種種調查以後，水良伯認為新社是適合種洋香瓜的，他甚至夢想讓新社成為全台頂級洋香瓜之鄉。不過，當時新社地方正流行養殖香菇，很多人投資蓋香菇寮，價錢也賣得很不錯。當時香菇寄生的段木或木屑，原料來自相思樹，國內數量有限，必須依賴進口，水良伯認為這並非長久之計（後來改用太空包栽培，解決了這個問題）。

遲遲得不到鄉親附議的水良伯決定自己動手，一九九八年以破釜沉舟的決心，獨資建造溫室。他起手點很高，一蓋就不是隧道式溫室，而是高達三公尺，功能更優越，適合直立式栽培洋香瓜的固定式溫室。

至於品質最佳的阿露斯洋香瓜種子，該如何取得？剛巧他從前種高接梨時，接種用的梨穗必須從日本買進。有一次，他在包著梨穗的日文報紙上，看到販賣阿露斯洋香瓜種子的廣告，便叫主修日文的大女兒家昀幫他打電話過去聯繫，向日本種子公司取得了洋香瓜種子。

相約五年後

眼看一切慢慢就緒，正當可以開始栽種洋香瓜的時候，沒想到地震來了。

天亮後，水良伯仔仔細細檢查溫室，發現培育洋香瓜的產房都還完好無損呢。他躊躇滿志，再一次拜訪沈再發博士，那個最初研究洋香瓜如何在台灣栽植的專家，一九九六年調任為農委會種苗改良繁殖場場長，辦公室就在新社，一九九八年還自日本引進國內第一套瓜類半自動量產嫁接機。

此時水良伯已不復當年，口袋有了第一桶金，溫室蓋好，萬事俱備。他見到沈場長，侃侃而談，也得到沈場長的認可。最後沈場長說，在一個新的環境培育洋香瓜，所有種植條件必須重新調整、實驗，自行摸索，從零開始，直到成功上市，起碼需要五年的時間。

「五年之後如果成功，你就是新社第一人！」沈場長口氣充滿勉勵。

水良伯聽來卻彷彿晴天霹靂：「我今年都五十歲了，再等五年，我不就老頭子一個了？」

水良伯到現在還記得，沈場長一路送他到二樓樓梯口，從二樓走到一樓的那條樓梯，陡然間變得無比漫長，只覺得身體不斷下沉，不知往下走了多久，腳步格外沉重。

回到家，妻子喊他吃午飯，他機械式地拿起筷子扒著飯菜，食而不知其味，誰跟他講話他都聽不見。

可是，當天晚上，他就向妻子宣布：無論如何，他還是堅持要繼續種洋香瓜，因為如果現在放棄，等五年過去，他還是會想種，那時候還是從零開始，又是五年。等待和遲疑，並不能讓正確答案自動浮現，只有動手去做才有希望。

有了長期作戰的心理準備，水良伯專心致志投入洋香瓜的栽植試驗。從整地、播種開始，然後吊網、定植。不斷地除草、引蔓、除側芽、施肥等等細心照顧，好不容易開花，阿露斯的花是鮮黃色的，雄花、雌花開花當天，一個上午就必須授粉完畢，中午以後受孕機率會降低。在溫室內如果沒有特地放入蜜蜂，就要以人工協助授粉，增加雌花的著果率。

在幼果如雞蛋大小的時候，就要下狠手摘除形狀不佳或發育不良者，留下狀況最好的；為了將養分完全保留給一顆果實，一株只會留一顆果實。

結果的節位也有講究，通常是第十三節到十五節，太下面形狀扁，太上面會成長橢圓形。此外，在適當的地方進行吊果，也就是利用掛勾或吊繩，於果柄吊起，保持果柄呈T字型的美麗外觀。

直立式洋香瓜栽培，必須耗費大量勞力進行整蔓。為了使植株直立向上生長，於株高約一百八十到二百公分處，即大約二十五到二十八節的地方進行摘心，如果有病害，就去除植株基部葉片，使通風良好，留下強健的葉片。水良伯說，葉果比例最完美是「二十三至二十六：一」。然後選果、吊果、摘心，直到五、六月採收，一樣工序都不能少。

由於洋香瓜施肥、澆水的原則，每個時期都不一樣，因此可以說整整四個月，必須無時無刻地照顧洋香瓜的成長。

在洋香瓜逐漸膨大起來的過程中，外皮產生裂痕，然後癒合，形成凸起的網紋。水分控制愈好，癒合的紋路會愈密，果肉的品質也會愈好。等到果實漸大以後，必須加上套袋為其遮光、保濕、透氣，這樣也可以幫助網紋長得美觀整齊，保持表皮色澤的鮮綠色，不至黃化。

總而言之，栽植網紋洋香瓜是件非常耗費人力和技術的精緻農活。所幸水良伯憑著多年瓜果栽種經驗，以及對自家土壤的了解與把握，把問題一一克服，終於洋香瓜株株生得茂美，果實也一天天長大起來，只差二十天即可收成。

不料收成前一刻，一株株洋香瓜就陸續枯萎壞死，如此連續幾年下來都一樣。

颱風神助攻

到底原因出在哪裡？

水良伯百思不得其解。五年的約期已過，是不是還要繼續下去？他真是無語問蒼天。

水良伯多次求教專家，專家的說法始終如一：洋香瓜在收成前二十天應減少供水，如此甜度才會高。

到了二〇〇四年，收成前來了一場颱風，這個颱風讓全台災情慘重，多處淹水，還引起山崩與土石流，也造成死傷，史稱「七二水災」又名「敏督利颱風」。強風把雨水掃進溫室內，排水系統也發揮不了多大作用。水良伯心想，今年收成一定又要泡湯了吧。

未料當他走進颱風肆虐過的溫室，發現一顆顆洋香瓜還掛在藤蔓上，不同於往年委靡模樣，看起來潤澤欲滴。他剪下來品嘗，果肉異常香甜，綿軟多汁。他這才明白，往年將熟的洋香瓜可能皆因缺水，在高溫中乾渴而亡。

這一年，水良伯的洋香瓜產量一八〇〇顆，每顆重達二・五台斤，甜度都在十六度以上，一般市售的洋香瓜大約十度左右而已。他真正種出了頂級的洋香瓜。

水良伯總說：「我到五十歲才開始種洋香瓜，前後經過七年才成功。」他種出人生的代表作，靠的不是僥倖，而是累積半輩子的經驗，並在關鍵時敢於冒險，年齡不是保守的藉口，他年到半百也不曾放棄夢想。

如果問起水良伯種洋香瓜成功的祕訣，他通常會省下以上那一番又是風又是雨又是震的曲折歷程，而言簡意賅地說：

「簡單的事重複做，就會變專家。簡單的事用心做，就會變贏家。」

12 品牌力

——來自對產品的自信與用心

雖然水良伯小學因故未能念完，卻不斷充實自己，他對外面的世界和最新知識相當積極，努力要趕上潮流，四處聽演講、學行銷，無非就是想把命運牢牢掌握在自己的手裡。

所謂「農業」，除了耕種得法，讓農作物生產健碩；還要將作物變產品，銷售通暢；如此「農」方得以成為「業」。

水良伯早早就領悟到：「照著一般農夫的務農方法，在台灣肯定活不下去，因為農業是產量稀少就貴、人人都有就賤的行業。」

他在選擇種網紋洋香瓜的時候，就已經考慮到「市場在哪裡」的問題：既然比量多傾銷比不過人家，不如利用小農擅長的細緻耕作，專攻精緻農業。

吃飽之餘，還要吃巧

精緻農業打的不是大眾市場，而是市場高端人口，或者送禮市場。台灣送禮市場上流行的高單價水果，例如方形西瓜，在百貨公司超市每顆叫價七百五十元至一千兩百元，頂級黑珍珠蓮霧一箱十五顆也常賣到一千二百元，相當於一顆八十元。還有哈密瓜以及網紋洋香瓜，頂級洋香瓜在日本也要一千元起跳，在台灣可以賣到一顆三千元。

日本人評鑑香瓜不是看大小，而是看紋路漂不漂亮。看網紋裂得均勻，既密且深，表示養分、水分、溫度都控制得很好，味道也最佳。同時，洋香瓜的蒂頭也要特別是T型的，這來自日本文化典故。原來日本人認為洋香瓜的花紋像烏龜，象徵長壽；T型蒂頭形狀如白鶴，象徵吉祥。所以送出T型蒂頭的洋香瓜為禮時，便也代表吉祥又長壽的祝福之意。這麼一來，洋香瓜就不僅僅是一顆瓜的價值而已，還有它象徵意義的加值。

事實上，今天的世界農產品市場結構，已經起了幾番巨大的轉變。在水良伯小時候所經歷的，是二戰之後的民生凋敝、百廢待舉，當時人們對食物的要求就是吃飽就好，農業上的追求主要是產量。慢慢經濟復甦，甚至快速爬升的階段，人們對食物的要求也就提高到口感和品質，吃飽之餘還講求消暑解膩，台灣水果市場大約也從那時期起需求量大增，價格也超過糧食市場。等到全球化、消費化的時代，農產品就像所有商品一樣，擺在大賣場的貨架上，招人眼球，品相變得格外重要。

水良伯常說：「五十年代，我們是用嘴巴吃；八十年代，用眼睛吃；二十一世紀，就要用腦筋吃。」人們對食物的消費需要，早已超越飽腹和口慾，如今甚至迎上符號消費的趨勢，講究食物的來源及品牌。

新社位於中部山區，感覺就像世外桃源一樣，然而這裡的農人並沒有自外於世界趨勢；水良伯更是其中特別進取的一個。雖然他小學都沒念完，卻不斷充實自己，對外面的最新知識求知若渴，趕上潮流，就是想把命運掌握在自己的手中。

四處聽演講，學習品牌行銷

農委會的免費課程，早已不能滿足他。當水良伯的瓜還在試種階段，他就想到行銷的問題。因此，從二〇〇二年起，他在報紙上看到「遠見人物論壇」的消息，據說演講者都是華人世界裡一流的領導人，他立刻打電話去報名，然後到郵局劃撥匯款。演講地點遠在台北，為了聽一場十點鐘開始的演講，水良伯四點即起床，騎摩托車到豐原火車站（當時高鐵尚未通車），搭火車到台北，再從台北火車站換計程車到演講地點。等聽完演講，再同樣搭車返家，每每到家時都已夜幕低垂，滿天繁星，如同他出門時一樣。

一整天就這樣過去了；可是他卻覺得非常值得。他說：短短幾個小時的時間裡，他就學到了演講者一生的思考，知識的精華濃縮，他花區區一整天的時間又算什麼呢。

又或有人奇怪他一個自耕農，跑去聽「企業領導人」的演講，還付那麼「貴桑桑」的聽講費，擠到西裝筆挺、精英雲集的人堆裡去，感覺「tone調」不太協調。

可水良伯卻認為，現代農人應該要具備企業家的頭腦，才能把「農業」經營起來，擺脫高勞力、低報酬的行業瓶頸。他持續聽講，年復一年，估算下來，起碼聽了五百場演講。

二〇〇五年，全球經濟學暢銷書《藍海策略》（*Blue Ocean Strategy*）的作者金偉燦（W. Chan Kim）與芮妮．莫伯尼（Renée Mauborgne）受邀來台，一場「航向藍海」的大師論壇講座，底下滿滿三千人座無虛席，水良伯也是其中之一。現場他也領了一具即席翻譯機，戴上耳機，認真聽取演講者的觀念，吸收化為自己的話語來說：「藍海是創新，紅海是廝殺」。

突然間，水良伯恍然大悟：自己一直在做的事，不正是擺脫已有太多農民投入、市場競爭殺紅了眼、砍價砍到血本無歸的「紅海」市場，並轉向尋找還沒人競爭的「藍海」市場——頂級網紋洋香瓜。原來這些年來，他努力執行的，正是所謂的「藍海策略」啊。

從此他更肯定自己的方向是正確的了。他堅信：唯有求變，農人才可能改變自己的命運。

結緣胡志強，洋香瓜傳愛心

如果自己還在繼續種那些大家都在種的農作物，由於供過於求，就成了買方市場，自己只能任由砍價，即使殺出重圍，所獲僅餘微薄；可是如果生產炙手可熱、卻奇貨可居的產品，那就變成賣方市場，價格可以由自己掌握，得到合理的利潤。而自己剛種成功的頂級洋香瓜，不就是這樣的產品嗎？

為了貫徹把發球局掌握在自己手上的做法，行銷上他也跳過中盤商，由自己發動行銷策略。

二〇〇六年，水良伯決定仿效日本舉辦拍賣會，行銷自家的洋香瓜。但這時知名度還不是很高，一顆連五百元都拍不出去。可是到了第二年，一顆竟拍出八千多元的好價錢，爾後一路飆漲，最高紀錄是曾經拍賣出一顆五萬二千元的洋香瓜。

說到這顆五萬二千元的洋香瓜，背後其實蘊含著一段人與人之間的奇緣。

有一年，前台中市長胡志強在台北主講：「文化，的確是門好生意」，借自暢銷趨勢書《文化是好生意》的口號，推銷他當時力主邀攬到台中興建的古根漢美術館（後來更改計畫，改為台中國家歌劇院，並於二〇一六年落成啟用）。水良伯當時也在場，聽完後還舉手發問。

他贊成胡市長的計畫：以台中做為中心點，將雲林、彰化、南投等中部五縣市都納入文化圈輻射區域，由文化帶動人潮，人潮帶來消費力。當時台中縣市尚未合併，新社隸屬台中縣，因此他自我介紹：他不是胡市長的選民，但覺得胡市長說得頭頭是道，唯有一處不足。

「哪裡不足？」胡志強頗感詫異。

水良伯說：「我從新社開車到台中，再從台中搭車到台北，聽您講我們中部的文化經濟，覺得很有道理，可是坐在這裡的，大部分是台北人，您講的事情跟他們的生活，八竿子打不著，就算認同又有什麼用呢？如果這場演講是在台中，那就更好了。」

發言完畢，演講活動也告終了，水良伯也提起背包往會場外走。他隱約聽到後面有人出聲：「阿伯、阿伯……」，因想自己在台北不過是名過客，理應不會有相識的人，他並不以為意，繼續前行。

恰好雷倩站在會場門口，舉手攔住了水良伯，對他說：「市長夫人在叫您哪。」

他回過頭去，吃驚眼前快步走來的，真是胡夫人邵曉鈴。她請水良伯留下名字和聯絡方式，告訴他：胡市長很重視他的意見，將來到台中演講時，希望他可以再來。

沒想到一週以後，他真的接到市府的電話通知，邀請他參加胡志強在台中的演講，水良伯因此結識了這位蟬聯三屆台中市長的名人。

後來，水良伯的網紋洋香瓜收成時，便邀請胡志強到新社來品嘗他親手栽種、引以為傲的洋香瓜，果然大獲好評。後來市府農業局居中協調，也曾協助水良伯配合物流公司，將洋香瓜以每顆人民幣一千至二千元的價格賣到香港。

從二〇一〇年起，台中縣與台中市合併，新社也成為胡市長的選區了。二〇一三年為推銷台中市農產品，胡志強親自到黃河果園，幫水良伯拍賣網紋洋香瓜，現場一顆重約二．四台斤的洋香瓜，以五萬二千元脫標，立刻嗨翻了全場。

得標者是揚昇農村再生培根團隊負責人芮嘉航，他為了贊助這個有意義的活動，以高價標下這顆洋香瓜，最後再將得標的香瓜回贈市長，表達對市長與市府農業局推動農業的支持。胡市長也拋磚引玉，慷慨將這顆瓜轉讓給慈善機構義賣，他特別交代主持人胡瓜，一定要幫忙拍賣到十萬元以上。

水良伯聽到之後，義氣爆棚，當場加碼捐出二十顆洋香瓜，共襄義舉。就這樣，愛心如雪球般愈滾愈大，成為愛心的傳播公益的媒介。

二〇一九年，大環境景氣不佳，位於台中的「十方啟能中心」收到的捐款滑落許多，水良伯因此一口承諾，捐出二十個南瓜、二十個洋香瓜，交給十方義賣。只要行有餘力，水良伯對於做愛心絕對不落人後。

定價源於自信

水良伯對自家生產的洋香瓜，可謂信心滿滿。他分析說，日本進口的洋香瓜，計算運輸時間，七分熟就必須收成。而黃河果園的洋香瓜，可以等到九分熟再採收，馬上送到消費者手裡，因此更加當令，他敢掛保證比日本進口的更好吃。而且品質好的洋香瓜，富含鉀、鈣、鎂、Beta胡蘿蔔素，在地運送，除了比日本進口的更新鮮、更甜潤，營養也比較不會流失。

五月第一批洋香瓜採收，通常就可以趕上端午節送禮，然後是畢業季，再來是中元節。水良伯有本事將普通作物種到變成藍海產品，同時也對自己的產品非常有信心，敢掛品質保證。

他說，過去農民對自己缺乏信心，不敢花大錢去投資設備，對自己的產品了解不夠，出產的品質無法保持穩定，所以不敢自己定價錢。而水良伯因為有自信，每一樣都要反其道而行。

「如果知道果農對每一顆瓜果手工繁瑣、細心照料的過程，就不會覺得每顆一千塊錢很貴了。」

從一顆顆體型渾圓、網紋深密的洋香瓜身上，水良伯證實了自己的信念。也讓他奠定他的下一個目標：讓台灣農業擺脫高成本、高投資、高風險、低收入的傳統印象，成為值得驕傲的社會行業。

13 傳說中的牛奶芭樂

近年來，市面上有一種俗稱「牛奶芭樂」的農產品，到底這種芭樂是不是真的有「奶味」？又是否真的要用牛奶灌溉？老農水良伯自有他個人的一番奇妙觀察。

綜合超過半世紀的務農經驗，水良伯經常說：「聽到不代表看到，看到不代表看見，看見不代表看清，看清不代表看懂，看懂不代表看透。」

乍聽起來，這些話讓人抓不著頭緒，有點玄又有點像繞口令，可是，其實都來自阿伯的經驗之談。

例如農村曾經流行過一種「農業技術」，是用牛奶來灌溉，號稱種出來的芭樂會帶有淡淡的牛奶香味，稱之為「牛奶芭樂」。

牛奶肥料之謎

真正了解土壤的結構的話，就會知道植物吸收養分，主要透過土壤中的微生物作用，經過微生物作用，也就是俗說的腐熟過成，將有機質分解為礦物質氮、磷、鉀、碳等等，才能成為植物養分。把牛奶澆在泥土上，就算要化為營養，也必須經過同樣的腐熟分解過程，所以是不可能直接流入植物組織管壁裡，複製出牛奶味道的。

不過，信者言之鑿鑿，水良伯則自有一番妙論。

「聽說只要用牛奶來灌溉，就可以種出有『牛奶味』的牛奶芭樂耶。」

他反問對方：「為什麼？」

「因為，牛奶含有蛋白質嘛，植物吸收蛋白質，所以有奶味……。」

對方這樣解釋。

「那我吐口痰也是蛋白質，這麼說我都用口水澆植物，會不會長得比較好？」

「呃，這個嘛……。」

「還有我把肥料澆在水果下面，肥料的氣味比牛奶還重，不知道我追過肥的水果，裡面會不會有肥料味？你吃吃看，看吃不吃得出來。」

對方被駁得無話可說。水良伯直截了當的比喻，直接點出字面意義的荒謬。

其實當中的道理並不太難，只要仔細推想，誰都可以破，可是人們卻常常有「看」卻沒有「看透」。結果，牛奶芭樂的名號一經傳開，似是而非的說法散播在農民之間，讓人們不分三七二十一，紛紛去訂購牛奶來澆灌一番。

「空的知識叫包裝，實用的知識才有效，而分辨的工夫叫做智慧。」水良伯再度如此耳提面命著。

14 高麗菜
——吸收新知，田裡實證

水良伯就像塊海綿般，勤於到處汲收各種新知，但最後作物要怎麼栽，還是得回到田裡決勝負，果實的大小、甜酸，都反映出農人對待植物的用心程度。

水良伯已經年過七十，但仍兩眼炯炯，說話有力，時時刻刻思考著農村的美好未來。

他覺得過去台灣農村陷入了一種貧窮循環，因為利潤低，農民過慣只求溫飽的日子，三十歲不會做，四十歲不想做，五十歲做到很無奈。即使想轉投資，口袋也不夠深。農村普遍缺工缺農，田中勞動人力多是六、七十歲，三個人加起來兩百歲。他們思維傳統，過著與世無爭的生活。看到這種光景，水良伯有著深深的焦慮。

不過，從高麗菜這種平凡無奇的國民蔬菜，他卻看見了一絲希望。

木炭的實驗

高麗菜又稱甘藍，是台灣民間常見的蔬菜，菜價高高低低，批發價從六、七塊到三十塊都有。可是若想要靠高麗菜賺錢，就需要有足夠大的農地種才行。他認為對一個小農來說，可以走精緻農業的路線。

別人高麗菜都論斤賣，只有水良伯是一顆一顆賣。他種的高麗菜，體型特別碩大，而且菜葉脆甜。不管市場行情好壞，他種的高麗菜，一顆兩、三台斤，每顆要賣一百到二百元。

很多人吃了黃河果園的高麗菜後，都嘖嘖稱奇。如今，高麗菜已跟洋香瓜並列為黃河果園的二大利基產品了。洋香瓜年產量一千八百顆、高麗菜年產四百五十顆，但卻還是都能銷售一空。

何以水良伯種的高麗菜價格高，客人還是來買呢？當然就是因為他的高麗菜特別好吃，而他的高麗菜，也是經過一番田裡的實證，才找出他自認為最好的種植方式。

大約十多年前，水良伯曾在《遠見》雜誌上讀到一篇〈低碳變黃金〉的報導，文中提到節能減碳將是未來主流，水良伯發現，利用木炭與土壤混合的方式，對於節能減碳也能有所幫助。於是，他也想要盡一己之力，共同加入參與改善地球環境的行列。

「聯合國氣候變化綱要公約」（UNFCCC）的締約方曾於一九九七年

十二月於日本京都的「第三次締約國大會」（COP3）中簽署了「京都議定書」。京都議定書以「全球總量抑制，國家個別目標」策略，規範締約國家，以個別或共同的方式，控制人為排放之溫室氣體數量，將大氣中的溫室氣體含量穩定在一個適當的水平，以保證生態系統的平滑適應、食物的安全生產和經濟的可持續發展。京都議定書於二〇〇四年十二月在俄羅斯簽署協議後，順利達到了需由五十五個國家簽署批准，且簽署國之碳排放總量達一九九〇年全球碳排放量之五五％以上的生效條件，自二〇〇五年二月十六日正式生效。雖然台灣並非聯合國會員國，不在管制名單之內，沒有減量的責任或義務，卻也重視這個全球環境議題，熱烈討論如何節能減碳，以減緩溫室效應。

水良伯看到報導後，了解到過多二氧化碳的排放，其實來自石化、鋼鐵、水泥等高耗能產業，也了解到，農民如果能從大片農地，找到蓄積二氧化碳的方法，例如將二氧化碳注入土壤中，為植物所吸收，或許也能形成良性的減碳循環，有助於世界減少大氣層溫室效應。

後來，參考農業試驗所陳琦玲博士的研究，從二〇〇八年起，水良伯花了大約十萬元購買木炭，並與土壤混合在一起，試著用木炭混合土壤來栽培植物，以改良土壤的透水率和體質。他將高麗菜及大白菜種在炭土裡，看起來頗有成效——高麗菜快速長成，顆顆巨大。

土壤結構才是決勝關鍵

不過，後來水良伯開始懷疑，在燒樹葉、竹子或木頭的過程中，會不會已經增加了排碳量？這和他最初想協助減少二氧化碳的初衷好像有點不同。同時，他也發現，木炭的保水性實際上沒有他想像中那麼高，重點可能是由於木炭富含空氣，造成鬆化土壤的效果，有利於植物吸收二氧化碳，才讓作物長得更健康。

追本溯源，「我覺得土壤的結構做得好，才是最重要的。」水良伯這麼說。

想像土壤中有許多微生物，它們像土壤工廠裡的免費長工，日以繼夜工作，將環境中的水分、空氣、有機質等等，轉換為植物可吸收的礦物質養分。農人的工作，就是協助這些看不見的無名工人，健康地活著，生氣勃勃地工作。

水良伯舉例說，基肥是用來改良地力，其中樹葉和豆粕都是很好的天然有機質肥料，前者粗纖維質比較高，後者則氮素含量比較高。當土壤的氮碳比太低時，表示營養不足，農人就要進行追肥。不過如果氮碳比很高，絕對不可再施肥，否則反而會造成植物的肥傷。

不過水良伯也提醒，肥料如果未經微生物發酵腐熟作用，就無法被植物利用吸收，下肥也沒有效果。發酵需要時間，同時也會產生熱量，如果發酵期間把植物種入土中，反而容易由熱傷根，也有傳播疫病或雜草之虞，在使用有機肥時有很多眉眉角角，不是想像中那麼簡單。

發現重點是在土壤結構而非木炭後，水良伯專注在土壤的結構上，加上適當的肥料管理，以及溫度、溼度的控制，之後的高麗菜照樣年年長得又快又好。

水良伯得到的結論是，農作物的產量、品質，取決於土壤的結構，尤其土壤的有機質二%到三%時，他認為會是最好，表示活化的程度高。台灣氣候高溫多濕，微生物很多，有機質的分解也很快。他認為可以善用粗有機肥——所謂的粗有機肥，是沒有調配的生肥，碳氮比偏高，要經過發酵、分解，才能變成真正的肥料。所以他每年都固定在每分地上施放如稻梗、樹葉的三千斤粗有機肥。

最近他還發現，種香菇剩下的太空包，也是很好的粗放有機肥，一次下五千斤，今年先不種，等肥料自然腐熟後，明年再種，應該會有不錯的效果。

像塊海綿般吸收各種新知，但最後的結果還是要在田裡決勝，不會拘泥在單一的意見上，這，就是水良伯。

土地比菩薩更寬容

立秋是種植高麗菜最好的季節，大約七十到七十五天後即可採收。水良伯不會等到高麗菜個頭長最大的時候才摘，因為菜葉太老就不好吃了。即使如此，他的高麗菜平均起來也都有三台斤以上，而且葉嫩汁多，品質極佳，通常開訂後很快就銷售一空。

去年秋天，連續下雨四十天，他把高麗菜移到溫室來種植。因為種在溫室，不怕被雨水泡爛，可以提早栽種，搶得先機上市。他的高麗菜通常在十一月初就上市，冬至以前便採收完畢。

農業上的適時，不僅指氣候對上植物生長的時機，也包括作物對上市場的時機，「怎麼賣，就要怎麼種，不能說先種再說。」

四年前，水良伯的大女兒家昀回家務農。青農返鄉，他將成功種出洋香瓜的第一間溫室交給女兒管理，讓她愛種什麼就種什麼。他自己則已經搭建起第二間溫室，占地三百坪，面積是第一座的兩倍大，挑高也更高，入口蚊蟲濾網還是兩進式的，看起來更加明亮、寬敞、通風，這裡也是他洋香瓜的新家。

其實洋香瓜是容易發生連作障礙的植物，必須與其他作物輪作。過去洋香瓜全部採收完畢後，水良伯會讓土地略作休息，施放基肥，冬季過後徹底除草，再進行幼苗育種，等來年立春開始定植。但自從他把高麗菜移入溫室後，變成與洋香瓜輪種的植物，一主春夏，一主秋冬，使水良伯的果園一年四季，都有不同植物明星登場，同時土壤也不因長期種植單一作物而耗盡地力。

在他的溫室之外，還有早春種下的各種南瓜，在清明前後採收，以避開夏天活力四射的果蠅；下半年種百香果，秋冬採收時，鮮豔的紫色花果，在明媚冬陽下隨風搖曳，藤蔓底下垂著鮮綠渾圓的百香果，等發紫變色後採收纍纍。

無論洋香瓜、高麗菜、南瓜、百香果，經過水良伯巧手栽種，味道都格外香甜，不同於一般。

水良伯說：「我覺得土地比菩薩更寬容，不論你種什麼，土地都一律接納，默默忍受，讓它生根發芽，生枝結果。只是果實有大有小，有甜有酸，反映的是農人對待植物的用心程度。」

他總是喜歡說：「沒有什麼神奇的技術，只是把土壤整理得很健康，植物自己就長得好。」

說完話後，他就用赤腳踩著鬆軟的泥土，大步向前走。田裡的植物全都仰起綠葉，向光的方向舒服地伸展，那姿態模樣彷彿在說著：它們正備受寵愛。

15 赤腳——高科技的救贖

物種間失去平衡，被水泥覆蓋的良田一去不再，
這些不都是源自人類對環境的破壞與疏離？
你有多久沒用赤腳感受大地了？

黃西田主持的電視節目《草地狀元》，曾特地到台中新社報導水良伯，羨慕他每天工作四小時，就可以月入十萬元，節目的標題就叫：「五萬元洋香瓜赤腳仙」。

可見阿伯的那雙赤腳，讓電視台人員印象深刻。

原本出於習慣，後來基於熱愛，水良伯特別喜歡用自己的腳掌直接感受自家果園土壤傳來的鬆軟、溫暖、濕潤，這也是他確認植物生長環境的一種方式。

牛肉麵店的帳單

二〇一九年冬天，某個推動泰國農村改革的天主教集團，由台灣的神父擔任領隊，帶領泰國來的神職人員，特地到新社黃河果園向水良伯討教，並參觀瓜果種植的情形，做為未來農村開發的願景。

水良伯不改其作風，還是以一雙赤腳，在果園到處走來走去。

參觀完已過中午，水良伯手一洗，就近請眾訪客到附近街上的牛肉麵店用餐。他沒意識到自己還光著腳丫，一進店內，就以東道主的姿態點菜。

不料店家竟說：「阿伯，你沒穿鞋，那有帶錢嗎？」

「我們這麼多人，他沒帶，我也有帶啊。」神父還試圖圓場。

結帳的時候，水良伯堅持一定要由他來，即使泰國來的參訪團搶著付帳。

不料店家硬是把帳單交給穿著筆挺、外表斯文的神父。神父不禁啞然失笑：「你別小看這位阿伯赤腳，我們特地從泰國來台灣向他請教，請他當我們的顧問，他的收入，可比我們在座每個人都多得多呢！」

店家竟然說：「阿伯你發了工錢，可要記得買雙鞋穿啊。」

水良伯只能苦笑，只能說他深藏功名，害店家不識赤腳正是他的註冊商標。

人與土地尚未切斷的關連

水良伯還常說：「農業是高科技的解藥。」他認為，自從十八世紀工業革命以來，工商產業已經發展到一定高度，對於現代人的身心，已經造成有形無形的傷害。

「科技業的人士表面上看起來戴著亮麗的光環，其實過著常人無法想像的辛苦生活。」他忍不住又談起他的見聞。「我認識一位工程師，他在公司每天都要花二十分鐘穿無塵衣，因為穿脫非常麻煩，所以都不去上廁所的，直接穿著成人紙尿布一整天。假日的時候，他就去鄉下田園，尋求寬廣的視野來紓壓。」

「高科技產業已經發展到極限了，」水良伯心緒澎湃：「未來，假日農夫或轉業務農的科技人會愈來愈多。」

看到地球創傷累累，像是空氣汙染日益嚴重、臭氧層破洞增大、土壤沙漠化等，物種間失去平衡，被水泥覆蓋的良田一去不再，這些不都是源自人類對環境的破壞與疏離？

從這角度來看，阿伯的赤腳，反而有一種樸實的魅力，象徵人與土地尚未切斷的關連。

16 老農哲學
——沒有走過的是路，走過的才是人生

儘管植物千千百百種，稟性各自不同，種植的方法也不同，不過，用心觀察，跟植物說話，適性而為，這個道理是不會變的。

水良伯家的客廳裡，最顯眼的是一張泡茶的大桌，牆上掛著兩幅陳居文先生寫的兩幅書法。

靜修自得理易分

慮思謹慎護正身

善惡因果自然報
觀照果樹生長因

這是前桃園區農業改良場副場長黃益田先生寫給水良伯的詩句，他把人類的因果道德觀，和植物生長的原理連結起來：「種什麼因，結什麼果」，看起來像是一種相當古樸的自然觀。

從南瓜談善惡陰陽

當時沒人預料得到，二〇二〇年一開春，就迎來一場把所有人都隔離在家的瘟疫，減緩了全球化的流動，也有人在此時想起提供生命能量最基礎的地方，而提起「糧食自主」這遺忘已久的農業政策。

在另一幅字句裡，黃先生把水良伯的名字嵌入其中：

良農知土性　肥瘠有不同
時到萬物生　芽櫱地上增
養根利秋實　仰天望年豐
應做陰陽合　自然倉廩充

水良伯對這幅字有自己的解釋，而且是充滿操作性的經驗論：「『觀照』說的是太陽，凡植物都需要太陽，長得好長不好跟太陽有關。」

接著他又講起一個經驗談：「我在三芝幫助過農友種南瓜，他們說他們種的南瓜不生（結果）。」

「我問他們幾月定植？原來他們遵照傳統，都是四、五月起種，很快遇到夏季，葉子長得茂密，但卻不會結果。我就建議他們改成一、二月種。

「早年因為台灣東北角氣候多濕，冬季綿綿細雨不斷，為了避免潮濕易爛，所以等到春末才開始種植。不過現在全球暖化，三芝的氣候也不像過去那樣潮濕了，反而梅雨季過後，氣候高溫多濕，南瓜在這種環境下，容易得白粉病。

「『善惡』不是一般講的道德，而是行動的多寡。付出多少，得到報酬就有多少，種善因得善果，惡因得惡果。

「不管你做什麼事情，跟種果樹都一樣，要很冷靜，仔細觀察植物，才看得出端倪。

「這就像醫生看病一樣，近身把脈，把五臟六腑的狀況摸清楚。謹慎地下判斷，給處分，分清楚什麼是正確。」

他對陰陽也有一套觀察瓜果得來的解釋：

「南瓜屬陽性，西瓜屬陰性。雖然都是瓜，但同科不同種，陰陽性也不一樣。

「植物的陰陽屬性，跟天地的陰陽屬性相配合，所以在什麼季節種什麼植物，吃當令的食物，就像中醫說的陰陽合。

「西瓜、苦瓜這種陰性植物，屬於退火的食物，剛好在夏季結果收成，可以平衡身體的熱燥。南瓜是陽性植物，可以暖身。把南瓜拿到夏天來種，雖然茂密，結果卻少；從我的經驗，南瓜最適合在春天或秋天收成。」

用心觀察自然，跟植物說話

水良伯說，家裡這兩幅字是他想送給所有農友的話。雖然植物千千百百種，稟性各自不同，種植的方法也有所不同，不過，用心觀察自然，跟植物說話，調整它們的生長環境，適性而為，這個道理是不會變的。

他又說：「大地最是慷慨寬容，種子只要放在土裡，自然可以生長發芽，看起來很容易，但你要種得好，成為一流的農產品，就變得很不簡單了。」

那麼水良伯牆上的「原則」，對個別農友的幫助是什麼？

水良伯沉吟一會兒，突然語氣變得慎重起來：「農業的問題，還是要親手去做過才曉得。」

在這之前，你聽別人說，看書上寫，都只是一個方向，一種做法，無法驗證是否正確達到。直到你親自動手去種植，春耕夏耘秋收冬藏，植物的根性你曉得了，土壤的酸鹼肥瘠你曉得了，氣候的變化你曉得了，你種出結果，彷彿有了答案；可是這個答案明年不一樣相同，你還是要繼續觀察調整。就這樣一年過去一年，這些知識都在你的生命裡，成為人生的一部分。

總結起來，我必須這樣說：「不曾走過的，怎麼懂得；沒有走過的是路，走過的才是人生。」水良伯加重語氣，一個字一個字吐出這些字。

這兩句話原來已經刻在他心裡，但卻是他用赤腳踩著農地踩了半世紀，才終於踏印出的兩句話。

17 絲瓜——如何提升農產品價值？

關於農業的未來，可以有無窮的想像，從結合文創、在地廚房、生產履歷，到整個思維的內化，可改變我們看待環境和宇宙萬物的方式，找到安身立命之道。

以網紋洋香瓜聞名後，水良伯開始接到一些演講邀約。當農委會水土保持局（簡稱水保局）推動農村再生培根計畫，為有心改造農村的社區農民做培根教育時，水良伯也被招攬成為培根講師之一。

他從一個聽五百場演講的聽講常客，變成一個上台演講的人，躋身一群農業碩博士陣容之間，他這個小學肄業，單純憑實務經驗站上講台的專家，顯得獨樹一幟。

非典型老農

水良伯並不是田中一條龍、上台一條蟲的木訥型農夫；相反地，他總是辯才無礙，侃侃而談，還特別喜歡發驚人之語，挑戰聽眾的慣性思考，以激盪出新的創意。

在宜蘭輔導農村時，水良伯談到如何擺脫物賤傷農、辛苦窮忙的宿命。他說農夫的眼光一定要要放長放遠，才能看得到農作物真正的價值。如果只從廚房三坪大的空間去看農產品，那價值永遠只有一點點。

他舉例說：「一條絲瓜三十元，有沒有可能賣到一條兩百塊錢，甚至三百塊錢？」

課堂中一位農友立刻站起來，大聲反駁：「我從當兵回來，二十四歲開始務農到現在，絲瓜也種了二十幾年，即使颱風季節菜價特高，絲瓜也從來沒有賣到三百塊錢，這怎麼可能？」

水良伯看著滿堂學員，平靜地說：「那麼你今天聽到我的課，算是前世有燒香，公媽有保佑。這堂課的最後，我會回答你的問題，由在座四十位鄉親見證，我說出一條絲瓜賣三百元的方法，只要有人覺得我說的不合理，我今天不領講師費。從今以後也不上台講課。」

絲瓜是台灣人的日常蔬菜，餐桌上的常客見，價格一向親民。有時絲瓜不摘採，留在藤蔓上老化、曬乾，變成纖維化的絲瓜絡，就成為天然清潔用品，俗稱為「菜瓜布」；老一輩人常拿來刷洗碗筷、洗澡去角質，非常好用。能拿來當抹布的農作物，怎麼想都很難高貴得起來。瓜農的質疑其實很合邏輯。

那堂課上得人心澎湃，人人都在期待一條絲瓜賣三百元的答案是什麼。

只見水良伯最後好整以暇地說：「我把你的絲瓜曬乾，變成絲瓜絡，再請藝術家把它加工改造成一件別出心裁的雕塑品，擺飾在桌上，你覺得有沒有可能賣到一件三百塊錢以上？」

瓜農聽了默然不語。

水良伯再轉頭問上課學員：「今天我應不應該拿講師費回家養老婆、小孩？」

四十幾個學員齊聲說：「應該！」

農業結合文創，商機無限大

其實水良伯不是突發奇想。二〇〇七年左右，台南玉井天埔社區就曾把絲瓜絡加工做成擺飾，或做為鞋墊、拖鞋、燈罩、花器等實用物件的原料，讓古老傳統的「菜瓜布」，一躍而成時髦的創意產業，甚至被藝術家做成吸睛的雕塑品。這個受歡迎的創意，陸續被許多社區借用，也有人設計成絲瓜絡手作課程，放到阿公阿嬤的樂齡社區活動中，讓平凡無奇的絲瓜絡，化身成為連結社區情感的媒介。

「如果只將農產品當作廚房裡的食物來看待，廚房三坪大，用三坪大看世界，怎麼可能看得大？」

實際上如何提升農產品的價值，恐怕是相當複雜的課題。特別的是水良伯並沒有把增加農產品附加價值的工作，一味託付給農產行銷市場單位，而強調農民的自覺，希望農民自己明白自己生產作物的價值定位，奪回價格的主導權。他自己也經常跳脫慣性思考，不斷挖掘農業的無限可能性。

他曾經想過辦在地廚房，讓消費者直接到產地試吃；或者利用科技服務，加入「會員」就可以隨時上網看到農場裡面的作業情況等等。二〇〇〇年黑貓宅急便剛開始引進台灣，在全省開拓市場時，水良伯出借自己家的一樓給宅急便公司辦說明會，並做為當地第一個簽約的人。在那時鄉村普遍自己生產自己送貨，覺得宅急便不秤重，用六十公分、九十公分見方盒子計算運費，簡直不可思議，生意一定做不起來，誰料到十年後宅急便遍及全省，宅配成了今天人們的日常。

農村文化也可是一種思維模式

其實，水良伯說的「上網看農作」或「在地吃農產」，都可以算是一種媒合生產者與消費者的努力，並且賦予「食農教育」的附加價值——消費者由於對農業的多一份理解，由衷認同農業的社會價值，更能連結起人類與土地的關係。

「吾人日進三餐，誰云與農業無關。」本來，從風水，土地，植物，農作，產銷，烹飪，再到餐桌上的食物，是一套互相關聯的完整過程，並不是各自斷裂的存在；只是在強調分工的社會中，植物從土地到餐桌的脈絡和過程被割裂；食物成為上千萬種商品的其中之一，擺在貨架上，或出現在餐廳的選單上；人們消費它，但不知它們從何而來。

讓農鄉永續，多少含有生命永續的意義。農村並不是被城市驅逐於邊緣的窮鄉僻壤，而是餐桌上食物的產地，是自然與社會產生鏈結的地方；農村是社會的重要部分，正如自然是生命觀的一部分。

現代都會人到超市、賣場購買食物的時候，除了產品外觀和包裝，也漸漸會注意到產品來自何處、由誰生產、以什麼方法生產，而細看它們的生產履歷。這種習慣必然會被繼續深化下去。從食物到植物，再從植物到環境，最後發現人與自然的關係，都藏在這些細節當中。

水良伯喜歡說的：「二十一世紀，人們用腦筋吃東西。」也可以從這個層面去閱讀。人類消費行為的背後，往往透露其認同的價值。例如由於支持環境與人類社會的永續關係，人們可能會支持對環境友善的農村，購買特定農村生產的農產品。

或許未來會有一天，農村文化將不再是偏鄉特定職人的生活方式，或是遠離城市的田園夢想，而是一種思維模式，可以注入日常生活、養成習慣，成為一種行為準則，內化到人心深處，它反映的是一群人看待自然、看待環境、看待宇宙萬物共處，如何安身立命的觀念和態度。

Part 3

老農沉思

「農」在現代社會

18 甜柿——尋找農人的藍海市場

時代不同，消費型態也會有所不同，一個產業想要永續經營，一定要看清十幾年後的市場，適時做出調整，朝對的方向投資。

十二月初，辛苦種植一整年的甜柿，終於陸續收成。到最後一胎都裝箱運出之後，黃寶源夫婦趁農閒空檔，從摩天嶺「下來」到新社，來找水良伯泡茶聊農業。

新社海拔已達五百公尺，但和海拔八百到一千公尺的摩天嶺相比，仍算山腳下。摩天嶺屬於大雪山山脈系，位在大安溪源頭，山頭終年雲霧繚繞，因而得名。夏季日夜溫差大，特別適合甜柿的種植，是台灣中部著名的甜柿產區。

高接梨榮景不再

柿子是根據在樹上自然脫去澀味與否，而分成「澀柿」和「甜柿」。澀柿的果實內含有大量單寧，採收後必須經過熟成或人工脫澀，入口才會香甜好吃。台灣本地常見的有石柿、牛心柿、四周柿，都屬於「澀柿」。人工脫澀的方法有很多樣，像是浸漬於石灰液中脫澀，保持柿實的脆口感，被稱為「脆柿」；於蒂頭滴上鹼液，脫澀後轉為豔紅熟軟者，則稱為「軟柿」，尤以四周柿居多；還有一種傳統吃法，是將柿子曬乾製成為柿餅，如北埔、峨眉一帶的石柿，就是有名的柿餅原料。

至於能在樹上自然脫澀的「甜柿」，則是一九六〇年代後才引進的日本品種。目前摩天嶺栽種的以富有柿、次郎柿、花御所等改良種居多。四十多年前，原在摩天嶺種梨子的果農黃清海，把日本甜柿引進台灣栽種，是當地人公認的甜柿鼻祖。作家葉怡蘭以台灣十二個月份為水果主題的《果然好吃》一書中，也記載到這段甜柿本地化的過程：

> 為了能夠真正合於當地風土條件，得先以台灣在地原生、但通常不做食用的「豆柿」與「山柿」樹為樹基（稱為「砧木」），上頭再嫁接日本種。
>
> 多年培育有了成果，量產暢銷馳名之後，慕名者眾，黃清海也傾囊傳授，而令摩天嶺成為台灣甜柿的發源地。據說，由於特殊的氣候條件與技

術改良等因素，台灣甜柿的滋味反而比日本原產還脆甜，一九九〇年代日本曾頻頻派人來台考察到底怎麼回事。當時的省政府也將甜柿列入重點輔導農業項目，在摩天嶺開設多期甜柿產銷班；栽植甜柿的區域也從摩天嶺向全省多處擴延出去。

黃清海和水良伯是舊識，其子姪輩也和黃寶源夫婦是多年老友，因此輾轉相識。黃寶源原本的農場在梨山，多年來生產二十世紀梨為主。他管理的農地，是老丈人從一九六五年開墾至今，到一九八〇年他接手管理，高山梨的價格一直都不錯，果農也沒有危機意識。

他回憶，一九七〇年代高接梨可賣到一斤九十五元，後來雖已再沒這麼高價，但依循舊法，以及傳統觀念，總覺得果樹年年結實嘛，水果也都賣得出去，一賣出就有進帳，日子也還過得去。只是一晃十年過去，黃寶源已過而立之年，也成為兩個孩子的父親。他發現自己再怎麼勤懇努力，經濟上始終處於朝不保夕的狀態。擔心再繼續下去，只能原地打轉，而開始有了改變的念頭。

由此，他認真請教水良伯，要怎樣務農才可以賺得到錢？水良伯審視了他的情況，認為當時高接梨的市場已近飽和，殺成一片紅海，勸他改種甜柹，這在當時還是剛剛起步的精緻農業。

從紅海轉戰藍海

水良伯說，精緻農業的條件首先產品的品質要絕高，而要種出品質最好的水果，必須先把果園的土壤養好。

關於農地的土壤管理，水良伯累積了多年心得，他說台灣除了雲林、嘉義一帶土壤是鹼性，大部分地需都偏酸性，適合以蛋殼為底的有機質基肥，其中的石灰質可以中和酸值，而且富有天然氮肥。

很多人認為肥料只要是有機就一定好，水良伯提醒，因為有機質發酵如果沒有完全腐熟，植物無法吸收，還可能因為腐熟的熱度而傷根。他認為，如果用到不對的肥料，吸收率不到一成，還不如使用百分百腐熟但較為高價的肥料。

聽完水良伯的話，黃寶源雖然覺得有理，但心裡還是有所猶豫。畢竟要裁掉多年種植的梨樹，還要下重本來養地，對他來說，是很大的冒險。

「畢竟我梨山果園有一公頃面積，整片翻土施肥要下八百到一千包，一包肥料台幣八百元，對當時的我真的是一筆大數字。」

黃寶源前腳剛踏出水良伯家，後腳立刻到東勢四處打聽，詢問肥料達人，基肥品牌對果樹品質影響多大？

「大家都跟我說，沒差，有下肥就好。真的只有水良伯提醒我肥料要用好一點的。」

他謹慎地先採取一半梨、一半甜柿的做法，肥料也按照多數人所採用的標配購買。如此過了一年，狀況也依然不好不壞的。黃寶源夫婦這才終於下定決心，想著不涉險，就無法改變，牙一咬，心一橫，先進行自我投資。黃太太跟親戚借了六十幾萬，先買一輛小貨車得利卡，再依循水良伯的建議，購入澳洲進口有機肥。耐心等待三年讓土質脫胎換骨。

「沒想到第一年就賺到錢了，」黃太太說：「一年之內，不但還清所有借貸，還淨賺了一百萬。」

他們從一九九五年起轉作甜柿，一直到一九九九年，一顆甜柿的行情都有三百元。他們農場所在的梨山，海拔一千四百公尺，比摩天嶺還冷。當時人們盛傳，天氣寒冷會讓柿子在樹上無法脫澀完全，甜味不夠好。然而他們種植的柿子，不但質細、汁多、甜度高，而且形狀圓厚、色彩鮮豔，完全不輸給摩天嶺。

即使後來甜柿變得愈來愈普遍，價格開始下跌，但對最頂級的產品來說，還是有一定的抗跌性，他們的甜柿一直都維持著不錯的價格水準。

知識無窮盡，「開講」求進步

甜柿是整整忙碌一整年的栽培事業。從二月起剪枝；三月中旬樹枝一一「萌青」（萌芽）；四月初施肥；四月中旬「疏花」（疏蕾），必須讓一枝結一果，不瓜分營養，結出來的果實才會肥碩健壯。五月起開花、著果，這其中還要注意柿種差異，有些品種的柿子沒有雄花，有些柿子不可授粉，否則果肉有子便不好吃。六月疏果，並注意除蟲防病，此時果樹要是生病就會大量落果。七月下旬開始套果；八、九月施肥、防蟲、除草，這也是果實留在樹上自然脫澀的關鍵時刻。

梨山的九月，白天依然暖熱，入夜驟然轉涼，由於溫差夠大，柿子在樹上轉色、脫澀、熟成，過程出奇完美，結出來的甜柿顆顆紅潤清甜，汁多而不糜軟，爽脆而不乾澀。

「說起來，應該是全球天氣暖化的影響，現在在一千四百公尺高的梨山種甜柿，竟然跟二十年前在八百公尺高的摩天嶺種甜柿，條件差不多。」水良伯的語氣不無唏噓。

十月是甜柿開始收成的季節。黃太太稱結果的波段為「胎」，一胎約三十多斤柿子，產量好的時候一年可達十三胎。從十月底開始到十二月，每天從早上九點進園，夫妻兩人一人提十三個籃子，連續採收到中午。從下午兩點開始，動手把剛採下的新鮮水果貼上標籤、包裝、裝箱，大約忙到晚上八點，才全部裝箱完成，運到東勢鎮去賣。盛產期，他們曾創下一年採收八十胎，一天出貨一百多箱的紀錄，一直收穫到正月為止。黃太太如今回憶起來，滿滿的充實與驕傲。

要不是七二風災（敏督利颱風）隔年，土石流沖蝕梨山，他們的果園受到致命的破壞，他們實在捨不得離開梨山。近年，因緣際會，他們租下摩天嶺的果園，重新整地、養地、育種，然後種甜柿。第二年就生產出九萬袋，色澤也很不錯。

黃太太說：「你的用心，植物會知道，有時候，你甚至會覺得果樹反映你的投資，比養小孩還乖，而且不會回嘴。」

算起來夫妻倆種甜柿二十多年了，經驗很豐富，成績也可觀，但依舊覺得，隨著氣候變異和市場變化，還是必須不斷地觀察調整，並思考下一步該怎麼做。一個產業想要永續經營，一定要看清十幾年後的市場，朝對的方向投資。

產銷也要與時俱進

黃太太形容，農業就像一所永遠無法畢業的大學，即使他們已經在柿子大學進修了這麼久，也還沒領到畢業證書：「水良伯就像我們的研究所一樣，時不時就要來找他討教、進修。」

農友之間的知識交換，往往就在短短在農閒季節裡，泡壺濃到不行的烏龍茶，配上今年收成的水果，切盤端出，在有一搭沒一搭的閒聊中，「開講」求進步。

水良伯說：「在我小時候，我爸爸的時代，一家十一口人，如果買橘子吃，一次至少買九顆，小孩一人分一顆，橘子大小不重要，漂不漂亮不重要，最重要的是數量，每個孩子都要有。一個又圓又大又漂亮的橘子，對我們是沒意義的，因為不夠分。」

「可是到了我三十歲那年，一家總共三個人——當時小女兒尚未出生，」水良伯回憶，「我只要買三顆橘子就夠吃，當然會想挑選品質好一點的。你看買一串香蕉八十塊錢，跟一根香蕉二十塊錢，哪一種划算？過去的人一定覺得平均起來，當然一串划算，只買一根的人很笨；但是現在便利商店裡就是一根一根賣。」的確，對許多單身都會人來說，花二十元可立即滿足，買多了吃不下，反而形成一種浪費。

「時代不同，消費型態也就不同。所以我從十年以前就在講，「台灣人五十年代用嘴巴吃，八十年代用眼睛吃，二十一世紀改用頭腦吃。」水良伯得意的說。

當台灣的農產品消費，從追求產量的時代，轉型為講究品質的時代，黃寶源夫婦也順應趨勢，加入精緻農業的生產者行列。

而所謂「用頭腦吃」是什麼樣的狀況？台灣農業的下一站將開往哪

裡？對於這個大哉問，別說小農老農，就連大學裡的農業學者、政府部門裡的農業專家，也都想破頭在問著。

看來黃氏夫妻和水良伯的「討教茶」，想必也還會繼續泡下去，一巡又一巡地給「講」下去吧。

19 八連溪農夫市集——一場正在悄悄進行的農村革命

透過和三芝關懷社區協會農友的交流，大家一起為小農找出路。這些農民發現，當「友善環境」有了成果，環境也會回過頭來滋養人類，形成一個善的循環。

八連溪，又稱八賢溪，源自台北盆地北端的大屯山系，直奔台灣海峽，下游流經新北市三芝鄉。三芝是從台北經淡水進入北海岸的第一站，就像陽明山國家公園的後花園一樣，背山面海，腹地不大，純樸而寧靜，以沿著山區地形層層堆疊的梯田景觀著稱，其中茭白筍更是三芝知名的特色農作物。

茭白筍屬淺水性作物，用福佬話諧音「腳白筍」，在剝開外包層層筍皮、露出裡面雪白修長而光滑的嫩筍後，確實頗類似古代社會婦女解開裹腳布後的細潔腿肚，所以茭白筍也被很形象化地稱作「美人腿」。

三芝茭白筍的品牌力

由於農委會水保局積極推動農村再生培根計畫，為提出申請、有意改造的農村提供各種課程和補助，二〇一〇年也邀請到水良伯擔任講師，讓他與同是山區農村的三芝共榮社區農友交流、獻策。當時的隨行科長立刻向水良伯提出了一道考題：

「三芝茭白筍品質明明很好，為何卻賣得不如埔里？」

水良伯記得，那天他搭了五個鐘頭的車來到北台灣，又和一群人連續談話五個鐘頭，一直聊到傍晚，突然心裡燈火通明起來。

他知道，消費者其實並不會主動了解餐桌上的食物來自哪裡，加上三芝茭白筍數量少，名氣又不及埔里，對消費者來說，就算偶爾吃到口感不錯的茭白筍，也不會意識到產地有所不同，所以三芝茭白筍的名號自然不容易打開。這就是品牌力的問題。

於是水良伯大力鼓吹，應該加強三芝茭白筍的品牌形象，把聲勢做大。這和當地行之有年的「茭白筍暨水車文化節」可謂不謀而合。透過結合當地農民，以及三芝附近的藝術文化工作者，配合觀光景點，策劃出一系列農村觀光及文化活動，這樣旅客到三芝玩，可以做一趟農村體驗，品嘗名產風物，參觀藝術家工作室和演出，再順便買一把茭白筍回家。由於三芝的地緣關係，從台北市區開車來也不過一、兩個鐘頭，又在北海岸風景線的起站上，相當適合在週休二日進行輕旅行的都市人。連辦幾屆下來，「三芝美人腿」的名號就愈來愈響亮了。

在茭白筍節的農夫市集上，水良伯看到僅單推茭白筍一項農產品，未免可惜，同時他又見三芝農村裡，還有不少失耕的空地，便建議應該多栽植幾種特色農產品，可以增加農民的收入。

當時三芝關懷社區協會理事長是在地農夫林義峰，很贊成水良伯的提議，只是他沒想到，水良伯端出的第一道新寶貝，竟然是南瓜。

栗子南瓜大受歡迎

一聽說南瓜，林義峰有點傻眼了。南瓜跟番薯是台灣田裡常見的雜作，他從小就知道它們好種，而且還是做豬菜的原料。南瓜、番薯的纖維粗而營養高，現代人知道它們是比米、麵更優質的澱粉，有益身體健康而趨之若鶩，但對從前的農家來說，白米、大麵才是主食，豬肉更是重要經濟副業，所以雜作的番薯和南瓜，通常剁碎煮成一大鍋，主要餵豬，另分一小鍋給人當食物。這對林義峰來說有如童年惡夢，他印象中那些食物淡而無味、吃到反胃，直到五十二歲退休返鄉耕種為止，有三樣食物是他從來不碰的，第一便是南瓜，第二是地瓜，第三是佛手瓜。

不僅是他，當地農人也表示不解，跟水良伯說南瓜「未生」；意指他們這些年種南瓜都不大結果了。

就像前面曾經略提過的，水良伯進一步詢問他們如何栽種南瓜。原來三芝春寒多雨，農民通常等到四、五月天氣暖和了，才開始種南瓜，成熟期剛好落在盛夏時節。

「瓜類很多都是陰性，像西瓜、絲瓜、冬瓜都是涼性，夏天成熟，正好食用，就達到涼熱中和的效果。只有南瓜是陽性植物，暖燥相剋，在夏天種當然不好，這是大自然的原理，人類無法逆行。」水良伯用了醫食同源、陰陽調和的概念，解釋南瓜為何在夏天成長不良。

水良伯建議三芝社區農民改在冬春之交定植，這樣剛好在清明前後採收。當地農人又搖搖搖頭：「種不起」，意思是三芝的冬天實在太冷太濕了，蔬果成熟期如果遭雨淋水浸，容易爛掉壞掉，根本種不起來。

雖說老農經驗是集合時間累積的總和，但也不見得全沒毛病。事實上，全球氣候暖化的程度，已經到了肉身都可以感覺到。位於台灣北端的三芝，也連續多年「暖冬」，厚厚的毛衣都藏在衣櫃深處，許多年穿不上身，放到款式都落伍了。然而，三芝農民依然在謹守著古法在耕作。

基於對水良伯的信任，林義峰和協會成員決定放手一搏。過去三芝鄉民種南瓜的方式，就是放任蔓生植物於地上攀爬，然後制式地澆水、施肥，靜待結果。如此天生天養，南瓜何時成熟、結果多少，都無法預測，更不曾有藤蔓管理的觀念。

當他看到這位來自新社的水良伯，不論對南瓜品種的挑選及栽種南瓜的方法，都打破他的過去經驗。水良伯建議先在田裡搭起棚架，讓南瓜的藤蔓向上生長，如此未來結果受光均勻，果實顆顆渾圓、色澤鮮豔。藤蔓茂盛起來，農人就要勤修側芽，進行單蔓管理。開花結果以後，也要進行修剪，一蔓僅留兩顆，其餘摘掉，讓養分集中。整個南瓜成長過程，都要細心照料管理，如此栽培出來的南瓜，果然在賣相和品質上都不同凡響。

而且水良伯引介的南瓜，並不是台灣土生品種，而是來自日本北海道的栗子南瓜（kabocha squash），這種南瓜外型有如燈籠，外皮深綠或橘，果肉呈現金黃色，口感比一般鬆軟細膩，並帶有淡淡的栗子香氣。過去只有進口商品區才看得到的栗子南瓜，竟出現在三芝本地市集，立刻受到消費者的歡迎。一顆顆南瓜成了金貴耀眼的明星產品，這時他們才發現水良伯說過，一顆南瓜賣到百元以上，原來真的不是痴人說夢。

自己的農村自己救

林義峰領導的社區組織，全名為「新北市三芝關懷社區協會」，從二〇〇八年起便參加農委會水保局的農村再生培根計畫。這計畫的第一階段，要求參加者必須上「培根教育」課程，連續四年，並且每一年提出相應的計畫目標；目的在培育當地居民自己成為農村再生的主力，簡單來說就是「自己的農村自己救」。

林義峰有感於農村的本質仍應該是農業生產，因此在第二年，提出以提升在地農業技術的目標。二〇一〇年經農委會水保局局長黃明耀引介，找來實務經驗豐富的資深老農陳水良擔任培訓課程講師。直到今天，林義峰提到水良伯，還是一聲「陳老師」。

林義峰從小看著父母耕作，父母則看著祖父母耕作，如此代代相承，耕作方法好像變成了一種古老的智慧，經歷歲月的瀝篩，而長長久久流傳下來。他從來沒想過，傳承裡面也是有好有壞、有對有錯，有些甚至以訛傳訛，必須被重新勘驗修改。

後來他們種綠竹筍時，也開始改變傳統方法，用心檢視哪些該砍、哪些該留，而非一概接納，果然採收下來的綠竹筍，品質有了飛越性的改進。從此他們決定每一年都要針對一種農作物，改進生產技術。

有一年，林義峰帶著協會成員，到花蓮一個社區農場參觀，中午聚餐，餐桌上端來一道油炸料理，看不出麵衣裡裹著什麼內容物，但入口香甜綿密，令人驚豔，一問才知這是南瓜。雖然林義峰所種植的南瓜早已脫胎換骨，但他礙於印象，始終將之當作一項經濟產品，而不願意擺上自己的餐桌。這個意外發現，使他對南瓜徹底改觀，發現自己種的南瓜是真的好吃，後來推廣起來更是由衷而發。

當他們社區的栗子南瓜的名聲鵲起以後，三芝農會便跟進推廣，鼓勵其他社區也加入耕作，但是他們的栽種技術不佳，種出來的南瓜品質差，口碑一落千丈，消費者也漸漸失去信心。所以早在六年前，林義峰和協會農民已經開始轉作其他作物，陸續栽種過甘藷、綠竹筍、馬鈴薯、山藥、白龍王、水果玉米等等。

林義峰發現，每當他們推出一種富有經濟效益的農作物，很快就會引起一陣跟風，使附近突然大片大片田地都栽種相同的作物，形成生產過剩、市場滯銷。為了避免這種產銷失調的情況一再發生，林義峰決定號召社區農民，自主成立組織，自己做生產計畫。他在三芝社區關懷協會裡，成立一個友善環境耕作團體及產銷班，很快就有八十幾位農民加入，每年做計畫性生產。每個月要推出什麼農作物，成員會互相通知，提前部署，以免重複生產，造成供過於求。目前他們已開發出十五項經濟作物，可以互相調配輪種。

林義峰說，他們的生產計畫主要秉持三個原則：「別人沒有，我們有；別人很多，我們沒有；當大家都有時，我們的品質是最好。」這與水良伯的「藍海」農場策略，精神上頗有相通，都是追求農產品的獨特及卓越，並尊重市場原理。

林義峰表示，現在他們社區的農業生產技術已經得到很大的改進。直到現在，協會每年會安排到外地農村做觀摩考察，而他總會把水良伯在新社的黃河果園排在行程內，每年過去走一趟。即使沒有什麼目標作物要學，也要來親眼看看「陳老師」的農園管理，聽聽「陳老師」對農業的新觀念。

其實，林義峰年齡只比他尊稱「陳老師」的水良伯小一歲，不過他的務農履歷，跟水良伯截然不同。出生於八連溪畔八賢村共榮社區的他，也是農家子弟，自小也有跟著父母在山裡田裡勞動的經驗。但是他從十四歲那年，就離家到外地求學，一路讀到國立中央大學機械工程研究所畢業，然後進入南港高工擔任教職，度過三十年安穩的公教人員生活，直到在五十二歲那年正式申請退休。

五十二歲成為農夫的林義峰

退休的理由，因為故鄉的父母年紀大了，身體狀況不好，他想返鄉定居，就近照顧父母。回到故鄉的他，重新面對歷代祖先留下來的農地，也重新拾起鋤頭，回到農村。

水良伯五十歲搭溫室開始種洋香瓜，林義峰則是五十二歲起學習成為一名農夫。農業技術必須從零摸索不說，對他來說，最不堪的，是故鄉的環境已變得大不如從前。

三芝腹地狹小，是典型的小農經濟區。當小農收入無法維持一個家庭的生計時，年輕生產人力就外流他鄉，農田被放棄耕作淪為荒地。而留在家鄉的勞動人口老化，農事上為求省力，長期使用方便又快速的化學肥料，導致土壤酸化、硬化，長期中毒的土地，變得難以耕作，也不得不被荒置。兒時記憶裡彷彿世外桃源的臨溪小山村，變成一片暮氣沉沉，鳥不語，花不香，地很硬，水很髒，連溪裡的石頭也都被起出去盜賣。這種末世農村景象，令他痛心不已。

他必須設法搞清楚故鄉的問題出在哪裡。他原先只想要好好種田，但田地品質跟周遭環境有關，環境又跟人的作為有關。他發現八連溪上游的山谷裡面有垃圾掩埋場，水源區設置焚化廠，垂直山坡地被濫採開發，破壞水土保持，一下雨土石流就從山上沖入溪流，如此溪水當然混濁不堪，也影響了沿溪的動植物生態。

剛回到農村頭幾年，他花了很多時間，去克服環境惡化的問題。為了改善環境問題，同時也發現農村的問題，台灣農村長期被地方勢力掌控，政治考量凌駕農業專業。

就連地方農會的功能，也被限縮在信用部（主管放款及貸款）和供銷部（買賣農民肥料、材料及食品），而從未把主要目標放在振興農業、活絡農村、照顧農民生計。而一到選舉，立刻成為地方政治動員的樁腳。大選忙政治，農會養得肥富，農民很瘦很窮。

偏偏個性保守的農民，遇事需要解決，凡事不想自己出頭，習慣倚賴

「有力人士」，篤信人情請托那一套，未曾想羊毛出在羊身上，經常只要別人略施小惠，就把自己的權益與命運讓渡出去。

林義峰領悟到所謂的農村改造，不僅是土地的改造，更重要的是人的改造，必須培養農村居民的自主意識，相信命運操之在己，自己的農村自己救，對政治的價值重新評估。

地產地銷，直接嘉惠農民

二〇〇三年，新北市三芝關懷社區協會成立，從二〇〇五年起便配合由農委會水保局推出的鄉村人力培訓課程，與居民共同進行農村教育；這也是現在三芝共榮社區裡面「農夫學堂」的前身。「農夫學堂」由一間居民豢養家畜的土角厝改建，現是垂著客家花布、有柴燒土灶、以及「辦桌」空間的紅磚平房。平日做為持續凝聚社區居民、營造共識的基地，假日則是農民與熟客「共食」或體驗製作炊蒸古早番薯粿的地點。「農夫學堂」的成立，是為了政府對農村教育的協助結束以後，農村也成自主成長，不會就此停止自我教育。

接著藉由農村再生培根計畫，協會展開一連串的改造社區的工作，主要目標是建立一個「友善環境」的農村環境。第一階段，他們先整修水圳，淨化灌溉水源，八連溪恢復清澈，土地淨化之後，三芝的梯田也逐漸復育，可以重新耕種了。

第二階段為防治病蟲害。由於社區居民從慣行農法改為友善環境耕作，不施化肥、不用除草劑、不噴農藥，但又不能讓農作物對被蟲噬毫無設防，農民必須開始研究病蟲的天敵，善加利用自然界物種與物種之間相生相剋的知識，對自己重新進行生態再教育，所涉及的環境問題愈深入，就愈顯得這個領域的廣闊無邊。

然而在努力奔走、調查研究、付諸行動的過程中，林義峰也看著他的故鄉三芝漸漸變得鳥語花香，山青水碧，河底清澈見游魚，梯田拾級而下有作物，成為宜居宜業的農村。就像一個詞曲作家林助家為三芝做的歌詞：「八連溪有水車來作伴，坪仔田歡迎田嬰轉來蹛」，農村再生帶來「清氣水」，「沃花沃田沃果子」。這就是農民從生產開始，「友善環境」有了成果，環境也回過頭來滋養人類，形成一個善的循環。

林義峰說：「八連溪一帶社區的友善環境耕作，是獲得農委會審認通過的，耕作法幾乎跟有機一模一樣。」他們不申請有機認證，只申請「友善環境」審認，是因為依照目前有機法，有機農產品的認證費，一年三萬多塊，對平均耕作面積約只有〇．三～〇．四公頃的農戶來說，成本過高。二〇一一年以前，三芝農民生產所得扣去生產成本，收入竟為零，打平已萬幸。現在社區居民一年可以賺二十萬元，未來還可望蒸蒸日上。

林義峰對此深具信心。以三芝的小農經濟結構，他們打造出不透過中盤商、也不將農產品運到大市場販售，而由生產者訂價、直接交給消費者的「地產地銷」模式。每個週六、週日在農村入口的市鎮上展開「八連溪農夫市集」，讓消費者來到產地購買農產品，以縮短食物里程。此外，消費者也可以直接看到食物生長的來源、生產的情況，得到第一手的生產情報，真正認同食物的價值與品質，與生產者建立起互信互惠的關係。

「開始地產地銷以後，我們的農產品很少遇到滯銷，有些甚至二十分鐘內就搶購一空呢。」

二〇一九年，共榮暨安康社區，獲選為「金牌農村」，全國只有三個社區得此殊榮，另二為新竹縣北埔鄉南埔社區，和台東縣鹿野鄉永安社區。[2]

三芝這種在山林梯田間耕作的小農模式，或許無法像在梨山或摩天嶺上種高級水果的果農一樣，時機好時，短短幾年光景就賺進一棟豪宅、雙倍土地，利潤不輸經商有成的中小企業家。然而，林義峰視線投射的，是另一幅農村景觀，在那裡，人類的生產活動和自然景觀生態，達到美妙的平衡，多樣性生物優游其中，各種生命在大地的涵養下永續共存，遙遙響應聯合國的「里山倡議」（Satoyama Initiative）。[3]

「里山倡議」最早由日本人在本世紀初提出。里山（Satoyama）為一種日本流傳已久的農村生態，指的是環繞在村落周圍的山、林和草原，因位於高山和平原（里地，Satochi）之間，包含森林、村落、水稻田、草

---

2 可參見 https://event.gvm.com.tw/ruralvillagecompetition/winners_finals.html。

3 可參見 http://www.swan.org.tw/docdir/F2K5VT3J9D.pdf。

生地、溪流、池塘和灌溉用蓄水池等，形成彼此鑲嵌混居的複式地景。這種社區聚落，除了提供人類農業生產，也可成為動植物多樣化的棲地，因此里山也被稱為社會生態的生產地景（socio-ecological production landscapes, SEPL）。這也是日本人在本世紀初，對半個世紀以來，亞洲追趕歐美社會，朝向快速工商業化、都市化發展，導致源遠流長的農村快速消失、生態崩解，也失去生物多樣性的反思，透過聯合國向國際社會爭取互相連結、共同努力，以推動「里山」地景的重現。

按照《里山倡議國際夥伴關係網絡（The International Partnership for the Satoyama Initiative, IPSI）》所描寫，背倚大屯山脈，前沿八連溪口，小小腹地即坐擁淺山、竹林、梯田、濕地、村落等多樣地景的三芝八連溪畔，似乎真有成為「里山」社區的潛能。

農業蘊含人類未來如何存續的智慧

回想水良伯當初來到三芝講課的時候，讓林義峰印象最深刻的一句話，就是「二十一世紀即將是農業的世紀」。當時三芝還是生產技術落後、土壤及生態環境百廢待興的農村，他還半信半疑，如今的他深深認同，農業非但不是落伍的行業，相反地，它蘊含著人類未來如何存續的智慧。

他覺得，農人的素質也正在改變當中。有一次，他到中興大學農學院推廣部聽專家講座，驚奇地發現，四周聽講者竟大半是年輕人。興大的農學講座是例行舉辦的每週講座，這群中部青農顯然是其中常客。他們並不一定出生農家，務農不是回家守業，而是人生的選擇。他們從都市搬到農村，租下老農無力耕作的農地，從頭學習耕作，而且求知若渴。他們的教育程度普遍不低，接受新觀念的速度很快，懂得追求農業獲利的方法，也比上一代更重視自然環境的養護及永續發展。林義峰還發現，在中南部，年收入在百萬以上的農夫不在少數。

但其實，農村的希望與年齡沒有絕對關係，七十歲的林義峰，和七十一歲的陳水良，不是依然對農村的未來發揮巨大的能量嗎？林義峰認為農民結構的年輕化，一定會加速農村的改變，為我們的農業帶來一場又一場沒有煙硝、沒有喧囂、沒有傷害和破壞的寧靜革命。

20 千歲米
——石門嵩山的老農經濟

石門嵩山的百年梯田復育和千歲米，振興了當地日漸凋零的農業，讓農民感受到尊嚴與驕傲，深深以自己的家鄉為榮，這種榮耀感，也開啟了「青農返鄉」的無限可能。

從三芝開車向北，沿著北海岸二十到三十分鐘，過石門老梅後，再向山裡走，就會來到與石崩山路前交會的半山坳，乍然展開一片以石為垣的梯田，坐落在群山環擁、雲霧繚繞中。這是百年以前，先民利用陽明山火山岩石所砌成的梯田，也就是有名的「石門嵩山百年梯田」。

崁山社區曾是一個家家戶戶世代務農為生的自足農村，隨著工商產業的發展，青壯人口向外流動，漸漸這裡只剩下垂垂老矣的耕者，體力不濟、人員不足，原本多達一百二十多甲的農地，漸漸被打入冷宮，長滿雜草。年輕人都到外地工作，家裡只剩老人，靠著領休耕補助維生，這就是江榮川退休回到故鄉所看到的景象。

從「越光米」到「千歲米」

江榮川先生年輕時也離開家鄉打拚，在桃園機場擔任地勤人員，退休以後才返回家鄉石門崁山定居，在石門順天聖母廟擔任住持。他眼見農村凋零嚴重，想要起來為家鄉做點什麼，因而參選崁山社區發展協會理事長，投入社區發展與改造的工作。

於是，他帶領社區居民向農委會水保局申請農村再生培根計畫。看到三芝共榮社區的好成績，他也想盡辦法邀請水良伯來講課。二〇一一年水良伯在江榮川伯伯的盛情邀請下前來，不過他認為以嵩山社區的地形及人口結構，栽種瓜果並不經濟。

「那要種什麼好呢？」農民問。

有次下課休息時間，水良伯望著蜿蜒的嵩山梯田，若有所思問他：「這些梯田海拔有多高？」

「平均海拔三百公尺，」江榮川回答。

「嗯，適合，」水良伯的眼神射出光芒：「這裡可以種越光米。」

「你是說日本進口、壽司料理店在用的那種越光米？」

「正是，越光米的口感特別好，很快就會成為社區的特色農產，而且只有海拔高的地方才種得起來，我看你們嵩山社區條件很適合。」

「可是我們沒有那種稻苗。」

「沒問題，我來想辦法。」水良伯說到做到，接著他就透過農糧署的幫忙，設法取得五十台斤的越光米秧種，帶來給江榮川。

一九四五年生的江榮川，那一年六十六歲。雖然是少小離家老大回的農村子弟，但關於種稻，那可說從他出生以來，就在眼前不斷重播的日常畫面，正是日常無鮮事。江榮川想：長這麼大還沒聽說過種稻跟海拔有關，「到底有影沒影（真的假的）？」

他將越光米稻種分成三份，分別播種在三種高度：第一區靠近台二線公路，海拔只有一百公尺的平地田；第二區在二百公尺左右的坡地田；第三區則選在海拔達三百公尺的山中梯田。就像科學家做實驗一樣，他自己悄悄分配了實驗組和對照組。

收成之後，他發現三個農地種出來的米果然不一樣，只有在三百公尺高度種的，口感跟他在日本吃到的越光米一樣，其他都與普通白米無異，吃不出那特有香甜口感。他對水良伯的農業識見感到衷心佩服。

於是，他立刻把所有稻種集中在三百公尺高的梯田地栽種。在播種以前，他已經重新整地，整理出一甲半的梯田。但如此廣闊的面積，絕非他一個人耕種得來的，於是在社區募集人力。社區裡由於休耕多年，閒賦在家，過著含飴弄孫生活的資深老農，都被他積極勸說，一起加入越光米的耕種行列。前前後後有十三、四個當地老農，個個年近古稀，加起來年紀總和有一千歲，「千歲米」的名字就是這麼來的。

廢耕多年的崁山梯田，如今被重新插滿秧苗，農人彎腰埋身其中，不時傳來幾句歡聲笑語，迴盪於山谷。新米從插秧、收割到打穀，全部用傳統手工，並且堅持不用化肥，雖然因此損失好幾成稻米，可到了在初秋，崁山社區睽違已久的第一批稻作總算收成，總共一千斤的無毒越光米。

水良伯原本為他們打算的是，嵩山梯田生產越光米的產量雖然不高，但可做為育苗之用。因為宜蘭、嘉義一帶有農家栽種越光米，由於稻苗雜交的關係，每兩三年就要向日本重新購買稻種，他們正好可以補這市場空缺。

梯田景觀復育為故鄉帶來榮耀感

不過，嵩山社區百年梯田好不容易重啟，加起來一千歲的老農手工耕種的無毒越光米，實在太振奮人心，他們隆重舉辦了收成慶典，並將新收成的稻穀打成米，用「千歲米」的包裝在現場販售。原本老農們還半信半疑，擔心賣不出去，因為一斤賣二百元，是一般白米價格的十倍，不料最後竟被搶購一空，還引來媒體做專題報導。

「現在世道真的變了，」嵩山社區的老農們交頭接耳。他們口中的

「世道」其實就是「市場趨勢」，正如同水良伯所預料的：現在消費者對吃的追求，不再是便宜又大碗，而是安全、有品質，甚至他們願意付出更多，完成食物背後的社會理想和正面價值。

「千歲米」提供的就是這樣一個美好的社會想像：社區居民凝聚共識，老人不再無用，美麗的地景被復甦，傳統的價值經過適當調整後，重新被時代所接納。

二〇一二年，中視知名行腳節目《MIT台灣誌》的製作人麥覺明，為百年梯田和千歲米的真人真事拍了紀錄影片，影片傳播海外，也使得對岸農村社區知道台北後山有個傳奇的嵩山社區。二〇一四年，一通電話打來，邀請江榮川到南京某社區演講。江榮川以為是一般的農村交流，到了當地才發現竟是滿滿七百人的大場面，他頭一次對這麼多人講話，在七百人面前講了八分鐘千歲米的故事。更沒想到從此以後邀約不斷，幾年光陰，大陸農村社區不斷有人組團，來到嵩山實地參訪交流，求他一遍又一遍地輸出「千歲米」老農經濟的經驗。

雖然如此，江榮川自知老農的體力有限，梯田的腹地不大，千歲米再怎麼熱銷，也不可能利滾萬金。他發覺千歲米最大的成就，是給了社區居民一個焦點，凝聚眾人的心，把梯田景觀復育起來，同時也讓世代務農的自己，感到一種身為農民的尊嚴與驕傲，且深深地以自己的家鄉為榮。這種榮耀感，不禁使他開啟另一種「奢望」，希望千歲米可以為年輕人找到一條返鄉的路。

令江榮川感到欣慰的，是他的外甥陳國志回到了農村。當初為了農村再生培根計畫順利推動，江榮川把國志召來幫忙，擔任實際執行工作的社區發展協會總幹事。陳國志的父親也在「千歲」之列，他自己除了行政工作，也跳下來協助農作，隨著參與的程度日漸深入，對友善環境的耕作理念也愈來愈認同；當他看見不噴灑農藥後的梯田生機盎然，地下湧泉變清澈，草地裡的火金姑（螢火蟲）現身，蜻蜓、青蛙等生物統統回來，小時候生活在農村的記憶，撲面而來，一瞬間，他似乎也看見了幸福生活真正的景象。

從二十二歲起出外工作，後來在汽車駕駛訓練班擔任教練的他，毅然辭去工作，全心投入復育農村的事業。身手矯捷又口才便給的他，武可以下田耕作，文可以上網行銷，同時還身兼最佳的農村導覽員，可說是十項全能的新時代農人。從社區發展協會卸任後，陳國志成立「出磺口農場」，繼續千歲米的耕種和推廣。

由於嵩山梯田的獨特地景，以及千歲米的特色農作，他開放線上報名的團體，來此做一日農村體驗，自己動手下田嘗試插秧、除草、割稻等農活，離開時一人帶走半斤農場自種的有機越光米，品嘗這塊土地餽贈的美味。

除此之外，針對不同季節，農場也提供各種食農小旅行，例如教孩子怎樣做米苔目和草仔粿，認識農村的植物與文化，讓外地遊客享受在地農產美食，對農家文化有所認識。如今他已與北部多所中、小學合作，提供孩子們一種沉浸式的食農教育。

陳國志認為在農村，生產、生活、生態、生命，是「四生一體」，彼此無法分割。他說著說著，便順手砍下竹子當口笛、摘路旁成熟的桑椹當零食，對他來說，農村生活信手捻來即是教材。從此嵩山梯田，不僅只是台灣東北角一個稻米生產的場域，同時也是一間環境教育和食農教育的生態教室，還有活生生農村文化正在進行中。

從江榮川到陳國志，石門嵩山的千歲米不再是老農經濟，也是青農經濟。返鄉留農的年輕人，沿著百年前前輩打下的基業，還在不斷嘗試開發農村經濟的多元化經營。

21 十年一夢——農村再生計畫

水良伯認為農業是高風險行業，有時連續幾年都不見得能回收。他呼籲政府應該讓青農了解現實，而不要被夢想沖昏頭，以免年輕人熱情返鄉，卻弄得積欠債務，最後黯然離開農村……。

農村再生計畫是二〇〇八年國民黨重新執政時提出的重要農業政策，規劃了上千億元投入農村再生基金，分十年改善農村和漁村風貌。農村再生條例從二〇〇八年十月二十三日由行政院院會提交立院審查，在朝野激烈的爭議中，於二〇一〇年三讀通過，八月四日公布施行正式上路，希望能照顧全台灣四千餘個農漁村，以及六十萬戶農漁民。

農再條例有點不同於由上而下的政策目標，而是本著社區自主的精神，由社區居民自組團體、提出計畫、寫企劃書，再呈報主管機關，通過審訂後核發經費，由居民和公部門共同推動執行。為了讓一般農村社區居民能夠順利凝聚社區共識，提出再造的企劃，主管執行的農委會水保局擬定了「培根計畫」，因應不同社區而設計課程、安排講師，依循關懷、進階、核心、再生等四個階段，培訓社區在地人力，研擬出屬於社區自己的農村再生培根計畫。

農村該如何「再生」？

這個計畫實施到第八年時，全台四千二百三十二個農村社區中，已超過十五萬人接受過培根計畫訓練，累計有七百五十多個農村完成農村再生計畫，而進行居民和公部門合作共同推動執行。三芝共榮社區和石門嵩山社區，可以說都是其中成功再生的農村社區，而水良伯也參與獻策，協助農民們找到最適合自己的路。

不過，身在基層的水良伯，也看到很多農村社區，把「再生」的意義表面化為蓋擋土牆、彩繪牆壁、搭建椅子、蓋花台、做綠美化等工程，而沒有太多投注在農村本體的生產事業上而痛心不已。他不改直言不諱的個性，跑去向前水保局局長黃明耀發問：「你們建設農村很好，但是十年以後，等農村再生結案，一千五百億的經費花完，還剩下什麼給農村？」

黃明耀是於二〇一〇年就任水保局局長，負責推動農村再生計畫，在二〇一五年屆齡退休，對水良伯非常器重，所以也拜託他擔任講師協助農村再生。他對基層農民並沒有高高在上的姿態，待之如友；水良伯也將他視若同輩朋友，毫無民對官的退縮畏怯。黃前局長退休後，他們還是經常坐下來話家常，感覺與從前沒兩樣。

「說起來這真是我心中永遠的痛。這個政策當初是一群人花很多心力研擬出來，並歷經萬難才爭取到的，一千五百億基金可不是小數目，點點滴滴來自納稅人。但這筆錢要是用到蓋硬體設施上，也是三兩下就花完了，對農民生活卻不見得有什麼實際幫助。」說到這裡，黃明耀不無感嘆：「我是水保局少數不是工程背景出身的局長，特別強調軟體工程，主張軟硬兼顧。像培根教育不需要花很多錢，重點在培養人力，讓社區自己去凝聚共識，訂出改造計畫，可是產生的效應卻會是長遠的。因為社區居民已經有了共識，有組織，有計畫，這樣政府退場以後，社區也可以自己維護下去，這才是農再條例由下而上、社區自治的精神。我在水保局局長任內，一年花不到五十億，後來的農再2.0版，經費直接撥到地方政府統籌分配，一年就花了不止兩百億。」

黃明耀年長水良伯一歲，也是吃番薯簽長大的農家子弟。雖有求學的機會，卻也是每天早上要打完番薯簽才能上學，放學回家也要先將日頭曬乾的番薯簽收進倉庫裡才可以開始寫功課，讀得相當刻苦。即便如此，他的學業成績仍然很出色。與他同班的堂兄弟，父親在公家單位上班，每學期都可以請領公教人員子女獎助學金補助，而他務農的父親，經濟條件明明拮据得多，兒子卻無法請領任何補助。這對還在念高中的他，造成心中莫大的巨大衝擊。

這股衝擊化為動力，使他更發憤，考上大學以後，便頭也不回離開農村，靠著半工半讀一直念到都市計畫研究所碩士，並通過國家考試進入公務系統成為公務員，完成少年時的志向。

二〇〇三年，他任職農委會輔導處處長，不到半年就研擬出農漁民子女獎助學金的辦法，提交通過付諸實行。他對農村的處境相當感同身受，對待農民就像見自己的鄉親；在他看來，農業政策一定要以農民為主體。

「農村居民年紀平均六十三．七歲，白天只看得到六、七十歲的老人，坐著輪椅被推到廟埕前，背後響起外勞吱吱喳喳四種語言，直到晚上年輕的兒孫輩才會回家，他們必須到外地工作，才能養活家人。我想要改變這樣的農村景象，所以農再條例目標之一就是『活力農村』，讓青年留農、留鄉，活化農村。」

他對農村出身的青年，回到家鄉提出令人耳目一新的改造計畫，印象特別深刻。像新竹南埔社區由當年號稱全台最年輕的村長莊明增提出的「黃金水鄉」，彰化大村鄉平和社區郭俊銀開創的「花樹銀行」，還有三芝共榮社區為淨化八連溪所做的「自然生態池」……。

「林義峰把上游流下來的汙水先儲存在蓄水池，利用布袋蓮等植物進行淨化，然後流到下一池儲存，完全自然生態方法，一層層過濾，最後變成灌溉水，種出來的茭白筍，乾淨到可以直接生吃。

「三芝退休公務員特別多，他們主要靠退休金生活，而不是靠務農賺錢養家。但是他們把家鄉改造成年輕人願意留下的地方，現在社區活動主力，已經交棒給中生代。話說這裡面也有你的功勞，當初你不是幫助他們把茭白筍從一斤七十塊賣到一百四十塊錢嗎？」

「沒錯，他們的茭白筍節做得有聲有色，打響了自己的品牌。」水良伯說。

「你還成功輔導過一個台南的年輕人，回家鄉種葡萄。」

「因為葡萄是薔薇類植物，一定要經過休眠，所以一般迷信炎熱的台南種不成葡萄，我就教那個年輕人冬天下種，等葡萄成熟時，比彰化產地葡萄大出還早一個月，搶先上市，結果賣得嚇嚇叫。」

「所以要推動政策，還得要靠有實務經驗的人。」

水良伯不禁豪氣地說：「真正的農業專家應該來自田中央，而不是坐在辦公室裡。」

「農再條例的目標之二，健康農村，人與土地和諧共生，不一味噴農藥，壓榨地力。說到這點，我很敬佩你可以養地三年，讓地力恢復生機。」

「這不叫養地，應該說是有目標地讓土地休息。」

「對、對、對，農業耕作者說的『養地』，是培養地力；房地產業者說的『養地』，卻是培養農地變成『建築預備地』。農人養地是按幾甲、幾分在算；房地產商養地，卻是拆成幾坪幾坪在賣。」

「所以別說『養地』了，鄉下人聽起來亂敏感的。我們養地以後要繼續勞動，人家養地可是馬上變現賺大錢。」

「但賺那種錢，真的可以說是幸福嗎？農人看土地的價值，跟商人不一樣。你讓土地長出那麼棒的農作物，高麗菜、花椰菜個個肥碩，網紋洋香瓜和栗子南瓜，甜度一級棒，在我看來，這才是讓農地變黃金。」

「我的黃金農地可是不公開參觀的。」

「那當然，專業農場和休閒農場功能不一樣，」黃明耀正色道：「你新社的果園是『特別農業區』。」

「甲級農地。」

「對啦，但是正式名稱叫『特別農業區』。對了，你現在洋香瓜一年產量有多少？」

「我一年分三批種，一次定植六百五十顆，扣去耗損掉的，一年大約生產一千八百顆。」

「都是一蔓一果？」

「是啊。上次一個農友來我果園，看到其中一蔓結兩顆瓜，如獲至寶地告訴我，我二話不說就把一顆摘掉，害他當場傻眼。我跟他解釋，這不代表能長，而是我疏果時不小心遺漏，多一果我都不要。」

「你一顆洋香瓜賣多少錢？」

「六百、八百、一千、一千二、一千五，看等級。」

黃明耀聽了嘖嘖稱奇：「你這一摘就至少六百塊錢掉地上，這份捨得，真非常人能及。」

水良伯說：「佛家說施捨、施捨，我不是教徒，對佛家說施捨卻另有所感。我覺得施捨不是求神施捨我，或我布施給神明，施與捨的對象應該都是自己；由於你施予，所以你收穫；你捨去，所以你換來其他的。一蔓兩瓜，我捨去一顆還給大地，所以我收穫到更大的一顆。我種一顆頂級一千五百元的瓜，不是比種兩顆六百塊的瓜還強嗎？我想賺錢，但不要太過辛苦，這點所有人都一樣，可是很多跟我有相同想法的人，做法卻截然不同，在我看來，這才矛盾吧。」

水良伯話匣子打開：「我常常覺得台灣的農民很奇怪，農作物種到血本無歸，政府用一台斤二元到五元補償你，這夠不夠成本？根本不夠，但農民卻很感恩很知足；這不是用二塊、五塊就買走你的價值嗎？

「我對農村的看法，很可能跟多數人都不一樣。我不想把農地搞得漂漂亮亮，只為了讓人參觀，也不想怕遊客沒地方休息而蓋涼亭、蓋停車場、蓋旅館。我只想要讓我的農地種出賺錢的農作物，讓我好好養家。

「我覺得農業是高成本、高風險，有時連續好幾年都無法回本的行業。而我所做的一切，就是要提高利潤、降低風險，這跟一般企業沒有兩樣。那為什麼政府不鼓勵農民投資，以農業生產獲取利潤，卻要用補助的方法，讓農民長期甘於弱勢？」

「我也不贊成以補助為核心的農業政策，」黃明耀回答：「不過我對美化農村窳陋地區有另一種思維。」

黃明耀用破窗理論解釋窳陋空間，一棟建築的窗戶破了，放任不管，形同誘導更多窗戶被破壞，最後小偷闖入，在屋裡縱火。相反地，將社區窳陋空間反轉，就像小花效應一樣，一個邋遢的人由於偶然間被贈予一朵小花，為了把花供養起來，先洗出一隻花瓶，然後整清一台桌面，繼而打掃整個房間，轉頭照鏡，把主人公自己也改頭換面了。黃明耀相信每一個社區裡面，或多或少都存在這樣的窳陋角落，面積大約二十到三十坪，政府協助社區改造，就從窳陋地區開始，只要不蓋建築，種花、種樹，做什麼都可以討論，在社區居民取得共識的過程中，無意間也凝聚了社區的精神與情感。

「只要把環境變好，社區的美回來了，人也就回來了。」黃明耀信心滿滿。

鼓勵青農返鄉前，應先告知風險

水良伯卻閉上眼睛沉吟，他想起二十年前，在九二一地震後摸黑跑往果園，心驚膽顫查看溫室是否安然的自己，霍然雙眼一睜，目光炯炯：「如果我有一千五百億基金啊，我會無息貸款給一千五百個小農，每個人一百萬，十年以後再還，不要利息，讓他們投資農業、開創生產事業。就算他們之中只有三分之一成功吧，那也就是造就五百個成功的小農，然後十年以後，我依然擁有那一千五百億基金，可以繼續鼓勵下一批小農創業。」

「請容我打個岔，」黃明耀說：「這方面政府已經有農民貸款方案，特別是青農，給予無息貸款，只不過沒有十年期的……。」

「這可能只是我一個老農的奇想吧，我希望政府的基金不要打水漂，十年醒來好夢一場，而是像母雞下蛋，生生不息。我一直覺得農業是高風險、高投資，有時利潤很低，連續幾年都不見得能回收，我們應該讓青農了解這件事，而不要被夢想沖昏頭，不然他們熱情洋溢回鄉，結果連續幾年賺不到錢，積欠債務，最後黯然離開農村……我們不要看到這種結果。幾年前桃園不是有個『青農典範』，被地方首長表揚、媒體報導、風光一時，結果被人發現，他本來種有機蔬菜的溫室裡，悄悄種起大麻。農作物生產出來，還要賣得出去，不然就是人前風光，背後現實責任自己扛，實在扛不下來，鋌而走險造成了悲劇。」

短暫沉默了一會兒，黃明耀不再跟陳水良辯論政策問題，轉而閒話農事。畢竟他也曾經站在風口浪尖，主導政策，戮力以赴，在他主持水保局年間，曾走出辦公室，訪視過上百個社區，用自己的眼睛確認那企劃書批審過的農村現場。辦公室裡的同仁在加班，他親自去買便當，陪著他們一起苦熬度過。現在他重回百姓身分，更樂意以在野的眼光審視農家的喜樂，他很少討論時政。只是他還時不時戴上一頂繡著農村再生logo的棒球帽，那logo是一顆鮮豔的果樹，上面結著五顏六色各式果實，象徵社區裡的各種意見，必須匯整眾議形成共識，才能開花結果。至今他對自己曾經做過的努力仍深引以為傲。

「你一年種三輪洋香瓜，不會有連作障礙嗎？」黃前局長問水良伯。

「我種三輪是分開三地，各用一分地，沒有重疊。今年從七月到九月，洋香瓜會陸續收成，之後我就回把土重新翻過，改種蔬菜，在冬季收成。」

「啊，原來如此輪種，這幾年台南洋香瓜的連作障礙很嚴重呢。」

「我的果園沒有連作障礙，但是有熱障礙問題；最近兩三年，全球氣候變遷，台灣農業也受到影響。專家的建議都是頭痛醫頭，腳痛醫腳，例如加裝風扇散熱，一時間確實可以降低溫度，可是風扇引擎運轉散熱，不是為大氣層帶來更多的熱源？我正在實驗一種用水降溫、不會替環境增加負擔、符合生態平衡的解決方式。」

「啊，這聽起來值得寫成一篇博士論文呢。」

「哈，我才不是什麼博士，博士在田裡聽不到植物講話。」

水良伯預言：未來的世界，最難的不是找出一種答案，而是找到正確的問題，問對問題。

在天南地北一陣暢談後，他愈來愈確定要對台灣農業的未來，發出什麼樣的提問。做為在地農人，站在與植物相同的立場上，他們對環境的敏感度更勝一般。水良伯努力思考用合乎生態的方法解決熱障礙的同時，覺得氣候變遷將會是未來農業接踵迎來的挑戰。

以同樣的問題反問黃明耀，面對未來台灣農業，他會投出一個什麼問題。他說：「政府促進農業發展，一定要用補助的方式嗎？」

這是他眼看在驚濤駭浪中通過的農再條例，在歷經他退休、主管換人、政黨輪替、十年落幕之後，看淡浮風流雲，一個安靜的結語。

22 番茄——青農返鄉

比起上一代，這一代青農見多識廣，外加旅遊經驗也比較豐富，但是，走上這條農業之路，水良伯的大女兒家昀也一樣沒有捷徑，必須親身摸索，實際在田裡邊做、邊學、邊想。

二十多年前水良伯為了種網紋洋香瓜而第一個搭建的溫室，現在由他的大女兒家昀接手，主要種植番茄。

她的番茄園開畦筆直，地下整整齊齊排著儲滿培養土的黑籃，上面番茄頂莖長得比人還高，必須細心整枝，以鐵鉤和線吊起主莖，讓果葉通風且均勻受光。

離地栽培的籃耕法，是從父親沿襲下來的技術，可以隔絕土壤裡病菌孢子的橫向連結，一旦感染，換籃即可，避免一發不可收拾地全員感染。而且不用機器翻土，特別適合她這種個頭嬌小的女生。

大女兒的日本農場遊記

「好吃的水果，都是很不抗病，可以說人見人愛，蟲見蟲愛，蟎見蟎愛，你必須跟其他物種的飢情烈愛不斷戰鬥。」她覺得又好笑又好氣。

她說起四年前返鄉初種蔬果時，把青椒種成肥大紅腫的奇異果（裡面住滿細蟎）；還有種植週期短又可以連續栽種，感覺快速取得成就感的小黃瓜；換到現在的大小番茄，一年大約採收兩輪，而照顧程序比前幾種都要繁瑣。家昀聊起做過的農活，不管上不上手，都滿臉樂觀的笑著，臉上不掛一絲烏雲。

大學主修日語的她，務農原非理所當然的選擇。九年前，她為了鍛鍊日語，到日本以打工換宿的方式，自助旅行一年。陰錯陽差之下，打工的地點都在農村，使得這趟旅行成了日本農場遊記。

她從小看父親從日本訂購高接梨的梨穗、洋香瓜的種子，總覺得日本是一個很先進的農業國家，台灣的農業問題，應該在日本已獲得解決。不過實際旅日之後，她發覺除了天候地理造成差異，台灣農村面對的結構性問題，日本似乎也不例外：人工成本偏高的小農經濟、農村人口外流、從業人口老化、普遍缺工等等，幾乎和台灣遭遇到的農村困境一模一樣。

她曾在瀨戶內海眾多小島中的上崎大島上採收藍莓。瀨戶內海上每個小島都有他們自己的特色農產，原本上崎大島盛產橘子，但因為老農體力不堪負荷，地主夫妻便改種藍莓，藍莓百分之八十的工作集中在採收期，他們只要在這時節招攬外地年輕人，前來短期渡假順便做農場幫手即可。

她也曾經到山梨縣和長野縣打工換宿。在長野縣有一個觀光農場，經營者是一對年輕夫妻，他們並非繼承家業，而是周遊列國後決定選擇在此落腳租地耕種。他們是憑著召集國際志工的能力，把農場經營成宜居宜遊的觀光型態，他們種了葡萄、梨子、桃子等果樹，四季不斷。以免費住宿、無限吃果的條件號召志工，解決人力不足的問題。

家昀還記得，她在一棵梨樹下，和一個東京農業大學剛畢業的學生，打賭目測哪一顆梨子最甜。當時農業學霸信心滿滿，結果卻輸給了僅憑直覺的她。她猜想或許是她從小看著父親種梨，想不到成長經驗已經不知不覺植入，成為像基因一般的東西。

看遍日本農家，家昀領悟到，每一個地方都有自己的問題，台灣農業並非毫無勝算，值得搏一搏，於是打道回府。日本青農同樣也有收入不豐的問題，兼職農夫者很多；還有很多青農以貫徹生活理想的心態，用心經營「食農教育」。回國後，她發現台灣也有人推食農，但深度遠不及日本，日本的食農已經化成一種生命教育，而非消遣遊樂，它會深深沁入一個人的生命觀點。

一顆能讓人記住十五年的水果

回國後，她先是在父親的果園打工。那時正值洋香瓜的套袋期，她幫忙套袋，一個不慎就讓即將進入成熟期厚沉沉的瓜果從藤上斷落，從手上摔下來，父親一季的呵護栽培也就瞬間泡湯。她幫忙套袋三天，摔落三顆瓜，水良伯不知是不是看不過去，還是朋友的公司缺人手，叫她先去上班，她因此到宜蘭一個負責農村再生培根教育的陪伴團隊裡工作，接觸到不少返鄉務農的年輕人；但是讓她下定決心要回家專心務農的關鍵，卻是大學同窗好友的媽媽一句無心之語。

她和同學的媽媽已經十五年不見，深怕對方記不得自己，沒想到同學媽媽一見她就說：「我記得妳爸爸種的鳳梨釋迦，那是我吃過最好吃的釋迦。」她瞬間滿臉漲得通紅，說實在，父親種過的蔬果那麼多種，她都忘了父親曾經種過鳳梨釋迦；更沒想到一顆水果的滋味，能讓人記得十五年之久！

家昀認為，一顆能讓人記住十五年的水果，正說明了農業是一個有價值的行業。她決定重新來過。恰巧那年台中市政府開辦「青年加農・賢拜傳承」，鼓勵台中從農青年，到台中地區幾個受推薦的農場，拜經營者為農業「賢拜」（前輩），在農場見習工作一年，由政府提供每月三萬元的生活津貼，一方面解決農村缺工的問題，另一方面也讓新加入的青農有管道實地見習工作，並傳承農業「賢拜」的專業栽培技能。她成為那一屆遴選的四十六名培訓青年的一位，放著家裡的「賢拜」不拜，每天開車從新社到烏日，到外面拜師學藝。

和同梯次的學員相比，她發現自己的幸運。首先她家裡有田地，不必花好幾年時間和當地老農混熟，獲得信任，才租得到農地。二是農業技能並非是一種坐在教室裡聽講，就可以學會的技能，必須親身實踐；而所謂傳承全都刻在「賢拜」的身體經驗當中，她多麼慶幸自己的父親還健朗地每天下田，赤腳在果園中四界遊走，因而產生「回家要趁早，傳承要盡早」的感想。

不過當父親命令自己獨立接管一座溫室之後，她才發現農耕的艱辛：

「今年犯的錯，要等明年收成時才懂得要修正；可明年栽種時，又有不同的天候自然等變數，產生新的問題，又要等後年來發現和修正；農業這門技術根本沒有所謂SOP，每一年都有新的挑戰。」

如今，她覺得一個真正好的農夫，不僅要懂得植物，還要上知天文，下知地理；因為植物的生長牽涉關聯的知識實在太廣闊了。不過做為科技時代的青農，她可以透過便利的網路和發達的交通，快速獲得各種知識交流，所差的只是在資訊匯流成海的世界裡，辨讀什麼資訊是有用的，以及如何解讀更有智慧。

親身摸索，邊做、邊學、邊想

去年她與一群青農一起到海外參訪，參觀了知名的「荷蘭串番茄」

（Candy Tomato）工廠，它的果穗呈魚骨狀，形狀優美，有如大葡萄串，果實形狀和顏色整齊一致，皮薄肉多，非常受到外銷市場的歡迎。參訪團中有個番茄達人，摘起一顆來吃，立刻微皺眉頭說：「甜度九。」這比起她自己種的番茄，平均甜度在十二以上，實在稱不上美味，然而「人家甜度九的番茄不夠賣，我們甜度十二的番茄賣不出去」。

家昀說，過去她種番茄，拚了命追求甜度，可是她發現「荷蘭串番茄」雖然不夠甜，但果穗特長，很符合燒烤市場的需要；加上果肉較硬，貨架壽命長，也是外銷的一大優點。她開始有新的體會：「甜度九有甜度九的市場，甜度十二有甜度十二的市場，你必須為所種的產品找到正確的市場定位。」

回到新社鄉自己的果園，她又開始為新一季的番茄奮戰；也繼續追求甜度，因為台灣市場對番茄的標準就是汁多味甜。種了好幾季聖女小番茄後，她最近決定開始試種來自日本長崎、體型較大、味道也很甜的「女高音」番茄。

比起上一代，這一代青農見多識廣、旅遊經驗豐富，同時社會對農業的重視也更勝以往。但是，什麼是屬於台灣的農業之路，家昀也同上一代「賢拜」一樣，沒有捷徑，必須親身摸索，邊做邊學邊想。

23 水良伯的一天

水良伯觀察植物，可說眼耳頭手，全身都用上，黃昏，通常是他在果園結束一天工作的時間。如果一天將盡時，他沒有站在自己的果園中，就會感到悵然若失。

隨著季節和作物的不同，水良伯每天工作的內容都有所不同，但是，身體的節奏，卻在日積月累的勞動中被固定了下來。

他天一亮就起床，往往五點多就到果園報到，專心工作到上午九、十點左右，就回家休息。午睡過後，大約下午三點半到四點之間，他從家裡出發，再回果園，一直工作到太陽下山、不見五指為止。

他說，植物白天生長，所以我幹活；植物晚上休息，所以我休息。中午太陽光太熾烈，植物不活動，所以我不幹活，傍晚太陽西斜，植物開始補充體力，所以我也幹活。

除了觀察，還要聽植物說話

水良伯採收洋香瓜一定選在清晨。「植物白天蒸發水分，會消耗能量，瓜的甜度也會比較低。入夜涼冷，植物休眠，養分會回流回果實，所以睡過一個晚上，吸飽養分的香瓜最甜。要趁清晨摘下。」

雖然說，植物需要陽光，但不是什麼陽光它都照單全收。

「你仔細觀察瓜藤的末端，植物的生長點，蒸發的狀態，在一天之中有不同變化。當溫度高達攝氏三十五、六的時候，土裡澆水再多，也無法被吸收上來，瓜藤自己會停止蒸發水分。」

太烈的陽光它就抵死不受？「對啊，所以你看到大部分的植物都是綠色的，為什麼，因為它把綠色的光反射出來，所以你看到植物的葉子都是綠色的嘛。」

水良伯幾年前輔導過一個金門農夫種洋香瓜，去年他的洋香瓜受到熱障礙影響，根系發育停滯，所以今年他在溫室上方加裝黑色防曬網，降低日曬，不過他發現瓜葉顏色變淺，看起來病懨懨的樣子。他拍下照片上傳給水良伯，同時告訴他，他正在請教農試所的專家。

「專家怎麼說？」

「說是缺乏微量元素。」

「哪一種微量元素？」

「他沒告訴我。」

「他當然無法告訴你，因為他可能也不知道，」水良伯已從照片裡看出端倪：「你的洋香瓜陽光不夠，把黑網打開，讓它曬曬太陽，問題就解決了。」

這位也姓陳的農友，半信半疑，照著水良伯的方法做，一星期後，洋香瓜生長情況得到改善的照片又被傳上手機。

水良伯觀察植物，可說眼耳頭手，全身都用上，但也還是有不夠用的時候。他種梨的那幾年，每逢深冬，樹葉落盡，人人都說梨樹進入冬眠，他卻好奇：冬眠時梨樹不會長大嗎？

他在樹幹上綁一條繩子，好像腰帶一樣，繞著樹身。等冬盡春來，他發現繩子緊緊地箍著樹幹，繩子拉都拉不動。他從此有了「冬季梨樹仍會繼續生長」的結論。

觀察植物，對水良伯來說，已分不清是專業訓練、單純興趣，或生活習慣。只要傾心聆聽，植物隨時都在跟他說話，他也隨時準備接收植物的訊息。

認識水良伯的人都知道，每到黃昏他就想回家，不管人在台北或是在國外，每到黃昏他就感到失魂落魄，只想回家。他曾懷疑過，自己會不會太戀家。幾天前，全家人到台東郊遊，東海岸的景觀美不勝收，加上親愛的家人都在一起，水良伯樂而忘蜀，眼看戀家的毛病消失無蹤。

這天傍晚，風景太美，一家人決定悠閒地散步到餐廳。就在夕陽餘暉中靜靜步行時，水良伯一顆心又飛回新社去了。坐在餐廳裡，一頓飯吃得食不知味。這下他明白了，自己不是戀家，而是眷戀果園，果園裡的植物。

黃昏，通常是他在果園結束一天工作的時間。如果一天將盡，日落西斜，他沒有站在自己的果園中，就會感到悵然若失。明明聽瓜果說話聽了近七十年，水良伯也不覺煩膩，因為每天有變化，箇中有學問。就算一天在外面奔波，只要還有一線陽光，不管多累，他都要上果園巡一圈。

站在果園中央，聽著果園裡面各種瓜果蔬菜向他匯報一天的生長進度，這就是新社老農陳水良最快樂的時光。

後記

為年輕人留下一條回家的路

今年七十一歲的陳水良，從小在田埂邊抓爬摸滾，二十多歲起專心務農，五十歲決心蓋溫室培育網紋洋香瓜，為新社鄉第一人。他賣出過一顆五萬元的洋香瓜，以一己之力創造出「田中也有黃金藍海」的奇蹟，在多數人眼中，已經是不折不扣的人生贏家，但他卻時常說：「我的人生到現在還沒有成功。」

他說：自然環境與植物之間的對話，生生不息，年年有變；農業這門學問和技術，也是永無止境的更正，化為無數經驗的累積。

他又說：跟工業化一成不變的標準化製程不同，農作物今年種得成，不代表明年必定豐收。天氣每一年都不一樣，蟲子隔年的影響也不知道，只有時時保持細心觀察，不斷做出調整，沒有盡頭。

對他來說，打理出一片人見人羨的良田沃壤，擁有一身洞悉植物的本領與經驗，只是本業。如今最常縈繞他心頭不去的，是做為一個「農齡」近乎半個世紀的老農，要留下什麼智慧給這個世界？他不斷地思考著「農」的意義與價值。

農業直接連結人們每天生活所吃下肚裡的食物。某方面來說，食物生產且象徵了我們是怎麼樣的一個人，正如德國哲學家費爾巴哈（Ludwig Feuerbach）的名言：「人即其所食者。」

在經過工業高度發展之後，人們也漸漸發現：過去視自然為生產資本，無窮無盡攫取和耗用自然資源，已對生態造成不可逆轉的破壞，並反撲到人類身上；例如溫室效應造成全球氣候異常，某些物種的滅絕造成生態系統的崩潰，化學肥料與農藥造成土地的沙漠化，基因改造技術埋下自然生態失衡及人體免疫失調的風險……等等。過去一味追求效率及便利，其實是預支了未來人類的生命資本，可能導致現存生態結構的終結。在這種情況下，親土重農思維，又重新回到人們的心中，農業文明追求的永續發展，成為新時代的議題。

農業是一門站在社會結構與生態結構的交會點上的產業。做為農人，尤其是台灣現行農業結構下的小農，他一面得熟悉植物，嫻熟耕作，對植物所反映的自然生態環境格外敏感；一面為了把耕作成果輸送到市場，為人利用，所以也必須適應社會對農產品的定位，隨之調整。因此，農業不僅是對植物的駕馭技術，也是一種人類文明；一個社會對自然、對生態、對生命永續的態度，都必然反映在農業上。

「農」是人類的歸宿

水良伯前半生經歷，恰逢台灣社會從農業社會邁向工業社會的轉型期，所謂「拚經濟」，拚的幾乎全是工商業經濟，農業無形中被拋棄到「進步」價值之外，成為「落後」的象徵，不計其數地向工商業提供人力、土地、資本，淪為弱勢產業。

泅泳過這個時代的水良伯，體悟到聽天由命的態度必須改變，為了努力掙脫務農者賤的命運，讓農業不再是高勞力、低報酬的行業，轉型精緻農業，成為「農人不苦命，農村才有未來」的見證者之一。

對他來說，「農」是生產事業，而非志業。「農」的價值，不能只停留在理念上，靠政府補助、政治分配或社會鼓勵維續下去。務農利多，年輕人才有可能回流農村，為農業創造新的生機。也只有農村自己富強起來，農業的價值才能真正屹立於社會上，有尊嚴地活著。

從上個世紀末開始，台灣社會隨著世界浪潮，被帶進全球化的生產節奏裡。以「地球村」為總單位，生產鏈中每個環節都可以配置入自由貿易下的全球分工系統，連農地也不再需要生產當地人所需的食物來源。

根據農委會的統計，台灣的綜合糧食自給率（以熱量計算），在一九八五年是五六．一％，二〇〇五年跌到三〇．二％，二〇一八年雖然回升到三四．六％，終究還是仰賴進口。而台灣的農地長期以來隨著都市化已快速流失，根據地球公民基金會在二〇一九年發布的數據顯示，各縣市規劃中的「縣市國土計畫」草案，將使十萬公頃以上的農地被消失。

減少的農作，象徵著自然滋養力的削弱；失去農業，也就失去了從其土地養活自己的能力。一個生命原始資源全部靠進口的社會，真的可行嗎？水良伯不禁感到憂心忡忡。

水良伯常說：要為年輕人留下一條回家的路。他所說的「年輕人」，並不特指自己的兒女，而是所有人的下一代。他深深相信，無論世界怎樣進步，「農」都會是人類的歸宿所在。

年逾耳順以後的水良伯，對自己如何拚搏一己身家事業，變得愈來愈少提起，卻動不動就談到氣候變化、土質改善、科技社會與務農者共同的未來，焦急地獻策。原來，他最想留給世界的，就是他所說的「老農智慧」。在這條路上，他還沒看到終點，無怪乎他動不動就說：「成功？我至今尚未成功啊。」

大約十年前，政府曾經積極推動農村再生，他也應邀成為農村「培根教育」的講師之一，前去有提出申請的各地農村上課，參與全台灣大小農村裡默默發生的寧靜革命。

有時候，已認識二、三十年的老朋友，也會特地跑到新社一趟，跟水良伯交換農訊，討論生產技術或對市場走向的觀察。這些年來，農民內部確實已發生變化。這群新時代農夫的共同特徵，就是嘗試把「未來」掌握在自己手中，不再保守傳統，不再隨波逐流。

未來的農業將會如何？老農水良伯沉思著，希望從自己累積數十年的經驗中提取出智慧，與更多農友分享，也帶給一般社會大眾更多的省思，共同關懷這塊我們居住的土地。

附錄

我的爸爸陳水良

陳琦玓

我是陳琦玓。玓，音同「地」，意指珠光照耀。這個罕見的字出自《史記》，它曾考倒許多老師，也讓很多人以為我來自書香世家。其實，我成長在一個簡單的農村家庭。每每需要填基本資料時，我會在父親的職業欄中填上「農」；然而，在我心中，他是一位夢想家。

爸爸決定要開始種瓜的那一年，我五歲，往後失敗的六年裡，他不僅在自己的田園中投入大筆的建設費，也為我的教育下足功夫。我在國小時參加國樂團、接受音樂的薰陶，每週還上一小時八百元的個別課，在新社鄰里間都認為這是天價。在家裡練琴時，爸爸常會坐在我的旁邊，他看不懂譜，也沒辦法幫我打拍子，但只要他坐在旁邊，我就不敢偷懶，一定要完成當日練習的時數。有一次我真的很累，他依然不苟言笑坐在我身邊，我不敢出聲，就默默流著淚繼續練琴，眼淚中有我的疲倦，更多的是我的身和心感受到「堅持」是多麼不容易，而我的爸爸，白天在田裡努力想要種出高品質的蔬果，晚上還要陪我累積習琴的台下十年功，我應該是他最費心、最珍惜的「作物」吧。

一句遲來的肯定

就讀國中前，媽媽帶我去參觀華德福實驗教育學校，回來後跟爸爸說這所學校的學生要自己做課本，沒有學籍和畢業證書，而且學費不便宜。

他立刻堅定的說：「對，就要讓琦玓去讀。」爸爸看見華德福教育崇尚自然、培育健康、自由人的理念，相當認同。他自己雖沒有機會接受正規學校教育，卻比一般父母更「大膽」地讓我去念體制外的學校。於是，我成為了全校唯一一位父母親沒有大學學歷的孩子，但我總是很驕傲的跟同學們分享爸媽的職業和成果。

大學學測放榜那天，我差一點點就可以進入嚮往了一整年的科系。極度哀傷、辜負爸爸期待的我打電話回家報憂，在等待電話被接起的那幾秒鐘，我祈禱了千萬遍，希望來接電話的人會是媽媽。結果，話筒另一邊傳來爸爸的聲音。雖然不知道怎麼面對他，我還是脫口而出：「我才差一級分就可以進去……。」「沒關係啊，你已經很努力了。」這是一句遲來的肯定，我的眼淚開始止不住地流下。

嚴以律己的爸爸對我和姊姊的要求很高，他沒說出口，但我們都可以感覺到他對我們不夠滿意，我又是一個慢熟的孩子，沒有特別聰穎，字也寫得很醜。很長一段時間，我會和爸爸分享有趣的學校活動，或是和他稱兄道弟……用盡全力想要看到爸爸的微笑，但是好難好難，難到我們很疏遠。

過了不知道多久，我們才開始一起長大、一起學會同理。爸爸知道我有自己的步伐，我會慢慢走到再更好一點的標準之上，他不斷吸收新知，了解新的世代需要具備的能力和他那個世代不太一樣；我也開始理解，在成為爸爸之前，他是一位夢想家。父與女、我們做為兩個獨立的個體，我樂意看見他成為最棒的自己，並且支持他。我相信，我持續不斷的學習、和世界保持連結的特質，是他潛移默化傳給我的。

面對那些對我來說很困難的挑戰，我很少退縮，總是希望用盡全力去完成，也許多少帶點初生之犢的傻膽，更多的勇氣則是來自我從小看著爸爸去完成那一件件不可能的任務——我的爸爸總是有莫大的勇氣去展開新的一天，不論有多大的困難和辛酸。爸爸非常鼓勵我走進大千世界中探尋。我大學時曾前往北京做交換學生一年、又遠赴夏威夷進修，當時他即便有千萬個不捨，知道將來不會用手機時，沒有女兒可以幫，他還是親自把我送到機場，給我滿滿的祝福，算準我落地的時間，打電話問我是否平安順利。

在出書的過程中，好幾個晚上，他打電話給我，說著隔天要和寫手、編輯討論，他很緊張，擔心「讀書人」聽不懂老農夫沒有章法的思緒，但是一早，卻又精神奕奕地跟我說：「我要去搭高鐵了！」真的沒有什麼事情難得倒我的爸爸。

永懷希望，勤勞耕耘，不停追尋夢想

也是因為這樣，對生活中、工作上的挑戰「從不說不」，於我而言並不是教條，而是原本就在血液中的態度，「事不做，才困難；路不走，才遙遠」，我們常常會互相鼓勵——爸爸在我哀嘆田野調查很困難、研究報告難產的時候鼓勵我；我在媽媽要出遠門，爸爸必須自己下廚的時候鼓勵他，這些年，我們終於能像朋友一樣小酌著談天說地。

在我們這簡單的四口之家中，我也想介紹我的母親謝瑞梅女士——她是我父親最堅強的後盾，總是默默在田間穿梭，承擔許多細瑣的工作。嬌貴的網紋洋香瓜需要細膩的照顧，初期的疏芽、採收後的收整和包裝，都是媽媽一手包辦，更只有她做的工作能夠達到爸爸的要求、得到爸爸的信任。我無法得知母親本質上是不是這樣堅毅的人，但我相信父親堅持的信念，讓她多年來無怨無悔的支持到底。感謝媽媽的守護，讓我們全家人一直彼此緊密相依。

隨著年紀愈長，視野愈寬，我更認識我的父親，才發現，爸爸的堅毅、勇氣和企圖心也都在我的身上，他用愛護瓜瓜們的用心，默默看著我長大，他為我準備了一片沃土，讓我可以恣意在世界的舞台上伸展；每一個爸爸都有不同的方式守護他的孩子。我期許自己可以和爸爸一樣，對生命、對土地永遠抱持著希望，並且捲起袖子勤勞耕耘，勇敢去追尋自己的夢想。

參考資料

Part 1

■關於蓬萊造山運動

新社・大茅埔山城立體地形圖：http://www.sunriver.com.tw/map_12.htm

■關於大甲溪

莊文星，〈中台灣河川新地貌〉，《國立自然科學博物館館訊》第二六〇期，二〇〇九。

柯焜耀，《台灣溪遊記——中部四大河川水系休閒遊》。余紀忠文教基金會，二〇〇二。

■關於新社河階地形

張聖翎，《新社河階群的聚落發展與社會空間的塑造》。國立台灣師範大學地理學系碩士論文，二〇〇六。

劉益昌，〈新社的美麗與鄉愁〉，《永遠的新社：新社鄉老照片專輯》。台中縣新社鄉公所，二〇〇八。

古蒙仁，《花城新色——新社的故事》。遠流：二〇一四。

https://sites.google.com/site/hw832501/01-xin-she-de-he-jie-de-xing

https://bearstrivia.pixnet.net/blog/post/455051321-%e6%96%b0%e7%a4%be%e8%8a%b1%e6%b

5%b7%e8%aa%95%e7%94%9f%e5%8f%b2
http://sixstar.moc.gov.tw/blog/A426004

■ **關於新社開墾史**

台中市文化資產處資料：https://www.tchac.taichung.gov.tw/information?uid=48&pid=3306

施添福，〈區域地理的歷史研究途徑：以清代岸裡地域為例〉，中研院民族所，《空間、力與社會》，一九九五。

張聖翎，《新社河階群的聚落發展與社會空間的塑造》，國立台灣師範大學地理學系碩士論文，二〇〇六。

劉益昌，〈新社的美麗與鄉愁〉，《永遠的新社：新社鄉老照片專輯》。台中縣新社鄉公所，二〇〇八。

■ **關於馬力埔事件**

公共電視，《客家新聞雜誌》第一九六集，〈新社馬力埔事件：客家先民發起台灣第一次農民運動〉，二〇一五。

劉益昌，〈新社的美麗與鄉愁〉，《永遠的新社：新社鄉老照片專輯》。台中縣新社鄉公所，二〇〇八。

謝四海，〈二林蔗農事件的時代背景與對台灣農運的影響〉：http://www.lib.thu.edu.tw/newsletter/107-201008/page05.1.htm

農陣對二林事件的調查：https://www.newsmarket.com.tw/blog/124197/
台灣二林蔗農事件文化協會，《二林蔗農事件》，二〇〇七。
張素玢，〈從二林蔗農事件到葡農事件〉，《台灣史料研究》十六期，二〇〇〇。
陳芳明，〈簡吉・日治下左翼運動的實踐者〉，《漫漫牛車路——簡吉與臺灣農民組合運動紀念特展專輯》，黃秀慧主編，台北市政府文化局，二〇〇四。

■ 關於甘蔗

大南庄蔗苗養成所介紹影片：https://www.youtube.com/watch?v=8Pa0_oh_kWk
https://www.tss.gov.tw/ws.php?id=24
行政院農委會種苗改良繁殖場「機關簡介」：https://blog.xuite.net/fumi1978/blog/315497817-%E5%8F%B0%E7%81%A3%E7%B3%96%E6%A5%AD%E6%AD%B7%E5%8F%B2%E6%A6%82%E8%BF%B0
沈再發，《台灣省政府農林廳種苗改良繁殖場機關誌》，台灣省政府農林廳種苗改良繁殖場，一九九八。

■ 關於白冷圳

台中市文化資產處，《白冷圳文化景觀申請台灣世界遺產潛力點基礎文本調查研究暨提報作業計畫》，二〇一八年四月二日公告，執行計畫主持人朝陽科技大學邱建維：https://www.tchac.taichung.gov.tw/information?uid=48&pid=3305

行政院農委會種苗改良繁殖場，《細說苗圃：大南庄蔗苗養成所的故事》。二〇一八。
謝文賢，《呼嚕嚕，呼叫磯田謙雄：台中白冷圳的故事》。遠景：二〇一五。
古蒙仁，《花城新色——新社的故事》。遠流：二〇一四。
張聖翎，〈新社河階群的聚落發展與社會空間的塑造〉。國立台灣師範大學地理學系碩士論文，二〇〇六。
吳長錕，《戀戀白冷圳：新社鄉文化生態巡禮》，新社鄉白冷圳社區總體營造促進會，二〇〇二。
徐炳乾，白冷圳社區網頁：http://sixstar.moc.gov.tw/blog/A426004
印樣白冷圳預告片：https://www.youtube.com/watch?v=8XKNe5zuA1k
白冷圳水利工程史蹟故事介紹：https://www.youtube.com/watch?v=zyXsvHTjgwM
公共電視，〈食水嵙溪〉《我們的島》，二〇一〇：https://rural.swcb.gov.tw/epapers/031/

■關於台灣農業政策史、小農成因

楊鎮宇，《食・農：給下一代的風土備忘錄》。游擊文化：二〇一八。
蔡宏進，《找回台灣番薯根》。如是文化：二〇一九。
〈台灣加入ＷＴＯ十年成果檢視之研究〉，中華經濟學院：file:///Users/apple/Downloads/10005_%E5%85%A5%E6%9C%83%E5%8D%81%E5%B9%B4%E6%AA%A2%E8%A8%8E_%E4%BF%AE%E8%A8%82%E7%89%88_0927.pdf
環境資訊中心：〈台灣農業的美麗與哀愁——談ＷＴＯ與台灣農業〉：https://e-info.org.tw/node/28452

■ **關於小麥**

WONG JUN-FA，〈「麥」擱來啊：台灣近代小麥栽植史〉，上下游網誌：https://www.newsmarket.com.tw/blog/2467/

■ **關於台灣棉花種植史**

楊鎮宇，《食．農：給下一代的風土備忘錄》。游擊文化：二〇一八。

有機棉報導：https://www.greengrace.com.tw/about_2.htm

■ **關於颱風草和虎頭蜂等民間傳說**：https://news.ltn.com.tw/news/life/paper/1304988

Part 2

■ **關於洋香瓜種植細節**

王毓華、黃晉興、余志儒，〈洋香瓜栽培管理〉，《興大農業》七十一期，二〇〇九。

沈再發、許淼淼：〈網紋洋香瓜之養液栽培技術〉，《農業世界》，二〇一〇。

沈再發、陳甘澍，〈洋香瓜產期調節之試驗研究〉，《蔬菜作物試驗研究彙報》，一九九三。

其他相關論文：https://www.tari.gov.tw/sub/form/index-1.asp?Parser=2,34,505,491,,,102

葉怡蘭，《果然好吃：Yilan的台灣水果尋味記》。皇冠：二〇〇八。

■ **關於日本農業和荷蘭番茄工廠**

弘兼憲史，《島耕作農業論》。左岸文化，二〇一九。

Part 3

■ **關於農村再生與青農返鄉**

莊皓雲：〈農村再生：從產業跨域到社群經濟的翻轉年代〉，《國土及公共治理季刊》第六卷第二期，二〇一八年六月。

莫聞，「環境資訊中心」，〈政院版《農村再生條例》恐強制離農、離土、離家〉：https://e-info.org.tw/node/39778

黃明耀相關報導：http://blog.ntou.edu.tw/oceannews/2014/05/post_636.html

青年農夫輔導平台：https://academy.coa.gov.tw/YF/list.php?id=914

農地銀行：https://www.coa.gov.tw/ws.php?id=2446792

■ **關於土壤結構**

楊秋忠，《土壤與肥料》（再版）。農業世界：一九八九。

《科學人》有關楊秋忠的報導：https://sa.ylib.com/MagArticle.aspx?Unit=columns&id=3547

社會人文 BGB493

水良伯的老農哲學
聽見植物的聲音

國家圖書館出版品預行編目(CIP)資料

水良伯的老農哲學：聽見植物的聲音／陳水良口述；林子內採訪撰文. -- 第一版. -- 臺北市：遠見天下文化, 2020.08
面；　公分. -- (社會人文；BGB493)
ISBN 978-986-5535-62-9 (平裝)

1.陳水良 2.農業經營 3.臺灣傳記

783.3886　　109012372

口述 — 陳水良
採訪撰文 — 林子內

總編輯 — 吳佩穎
副主編暨文字編輯 — 陳珮真
校對協力 — 陳琦玓
封面設計 — 張議文
內文圖片 — 除個別標示外，皆為陳水良提供

出版者 — 遠見天下文化出版股份有限公司
創辦人 — 高希均、王力行
遠見・天下文化・事業群　董事長 — 高希均
事業群發行人／CEO — 王力行
天下文化社長 — 林天來
天下文化總經理 — 林芳燕
國際事務開發部兼版權中心總監 — 潘欣
法律顧問 — 理律法律事務所陳長文律師
著作權顧問 — 魏啟翔律師
社址 — 臺北市 104 松江路 93 巷 1 號
讀者服務專線 — 02-2662-0012　｜傳真 — 02-2662-0007；02-2662-0009
電子郵件信箱 — cwpc@cwgv.com.tw
直接郵撥帳號 — 1326703-6　遠見天下文化出版股份有限公司

電腦排版 — 極翔企業有限公司
印刷廠 — 中原造像股份有限公司
裝訂廠 — 中原造像股份有限公司
登記證 — 局版台業字第 2517 號
總經銷 — 大和書報圖書股份有限公司　電話｜ 02-8990-2588
出版日期 — 2020 年 8 月 31 日第一版第一次印行

定價 — NT 400 元
ISBN — 978-986-5535-62-9
書號 — BGB493
天下文化官網 — bookzone.cwgv.com.tw

天下文化
BELIEVE IN READING